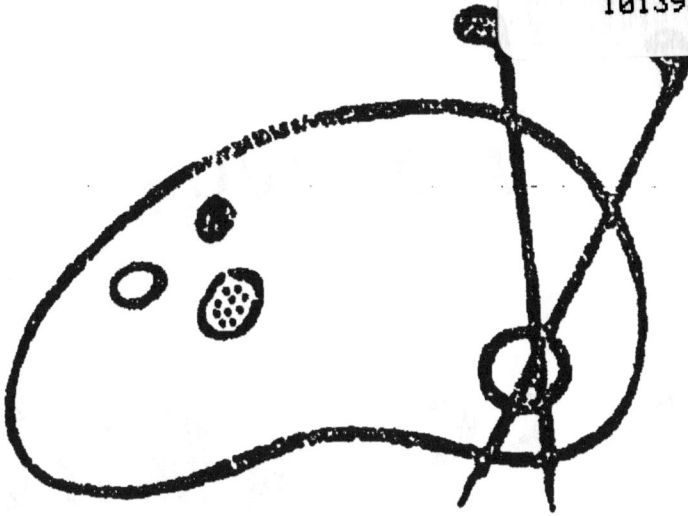

Début d'une série de documents
en couleur

A PROPOS

DE

L'ASSOMMOIR

PAR

ÉDOUARD ROD

PARIS

C. MARPON ET E. FLAMMARION

LIBRAIRES-ÉDITEURS

1 à 7, galeries de l'Odéon et rue Rotrou, 4

1879

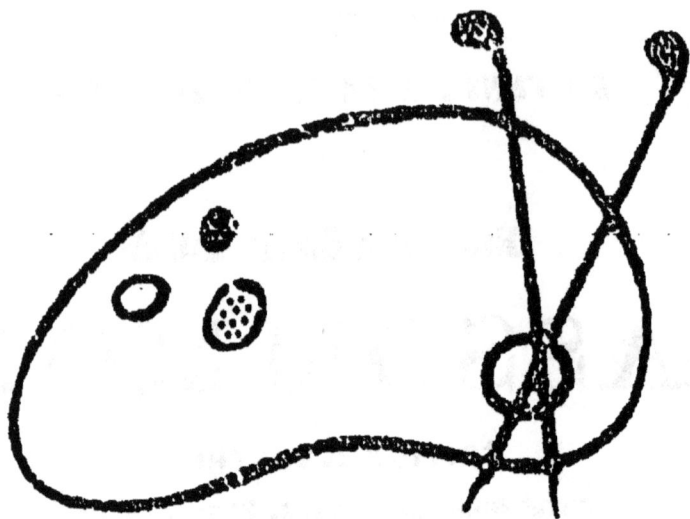

Fin d'une série de documents en couleur

A PROPOS

DE

L'ASSOMMOIR

Châteauroux. — Typog. et Stéréotypie A. Nuret et Fils.

A PROPOS

DE

L'ASSOMMOIR

PAR

ÉDOUARD ROD

PARIS

C. MARPON ET E. FLAMMARION

LIBRAIRES-ÉDITEURS

1 à 7, galeries de l'Odéon et rue Rotrou, 4

1879

©

Il y a quelques années, personne ne parlait de M. Zola. On avait formé contre lui une sorte de conspiration du silence. Ses romans paraissaient et trouvaient quelques lecteurs, parfois quelques admirateurs ; mais aucun critique ne s'en occupait : La Conquête de Plassans *n'a pas eu un seul article dans la presse parisienne ;* La Faute de l'abbé Mouret *en a eu deux. Un critique influent déclarait que l'auteur des* Rougon-Macquart *« l'horripilait », qu' « il ne pouvait pas souffrir ce monsieur ». Mais il disait cela dans l'intimité, et ne prenait pas la peine de communiquer ce jugement à son public.*

En 1873, le théâtre de la Renaissance monta Thérèse Raquin *ce fut un scandale ; ce drame eut, si je ne me trompe, sept représentations ; critiques et reporters tapèrent à l'envi sur l'œuvre nouvelle. On ne se contenta pas de calomnier la pièce, on alla presque jusqu'à insulter l'auteur. Le résultat de tout ce tapage fut que le public apprit à connaître le nom de M. Zola, et lut ses romans ; sans compter que, pour pouvoir plus à l'aise éreinter le dramaturge, on commença à mettre en relief le talent du romancier.*

Enfin parut L'Assommoir ; ce livre étrange excita toutes les haines. Il se trouva des journalistes pour le dénoncer comme une œuvre immorale, fétide, malsaine. Bien des gens auraient désiré le rétablissement de l'Inquisition, pour qu'on pût brûler l'œuvre et son auteur. On se contenta, ne pouvant faire plus, de lui jeter à la face toute la boue dans laquelle marchaient ses personnages ; on aurait voulu l'ensevelir dans l'ignominie, confondre sa personnalité avec celle des scélérats qu'il dépeint, lui prêter les vices qu'il décrit, — sans vouloir remarquer la puissance d'indignation qui perce à chaque ligne.

Depuis ce moment, M. Zola occupa la presse et le public plus qu'aucun autre écrivain: on s'arracha ses livres, on se disputa sur son compte.

Deux pièces de lui subirent, l'une à Cluny et l'autre au Palais-Royal, un échec éclatant; les préfaces et les articles qu'il écrivit pour les défendre firent bondir ses adversaires. Peu de temps après, on apprit qu'une pièce tirée de son roman : L'Assommoir *allait être montée à l'Ambigu. Pendant que le travail des répétitions se poursuivait, un article de lui, qui parut dans une Revue russe, où il se montrait sévère, dur quelquefois, envers les romanciers, ses collègues, vint encore aigrir les malveillants. Bref, les discussions qu'il excita devinrent si passionnées, les sujets de discussion si multiples, qu'il se forma toute une question, qu'on pourrait appeler la* Question Zola.

C'est alors que l'idée me vint de chercher à connaître, de me faire une opinion sur cet homme attaqué si fort qui se défendait si bien, et sur le nouveau système qu'il préconisait. Je m'entourai de documents, je parvins à obtenir quelques renseignements, et je fis pour mon compte une étude aussi impartiale que désinté-ressée.

Ce travail me fit revenir des préjugés que j'avais conçus sur l'homme et sur l'œuvre.

S'il pouvait, je ne dirai pas convaincre quelques personnes, mais les décider à faire consciencieusement l'étude que j'ai faite, à examiner les documents et à juger sans parti pris, mon but serait pleinement atteint.

I

M. ÉMILE ZOLA

Nous ne pouvons donner ici une biographie complète de M. Émile Zola : chercher à saisir quelques traits de sa personnalité, mettre en évidence quelques nuances de son talent, voilà tout ce que nous voulons essayer de faire.

Sa jeunesse, on le sait, a été fort pénible. Orphelin, sans fortune, il dut abandonner ses études pour soutenir sa mère. Qui sait si, dans le cas où la vie ne l'aurait pas étreint si rudement, il serait parvenu à la position qu'il occupe aujourd'hui ? Il avait, de bonne heure, renoncé aux études de lettres pour se vouer aux sciences ; son tempérament tranquille et son goût pour la retraite le prédestinaient peut-être aux humbles fonctions de médecin de village, ou de modeste chimiste. — Mais il dut gagner son pain, comme simple employé de la maison Hachette ; et bientôt, peut-être, au contact de toutes les œuvres qui lui passaient par les mains, il sentit s'éveiller en lui les instincts littéraires. Ses premiers essais furent blâmés par son patron, qui n'entendait pas que ses employés perdissent leur temps la plume à la main. Malgré cela, il parvint à publier ses *Contes à Ninon*, qui le firent un peu connaître. Il fut chargé de la revue bibliographique dans le *Figaro*, et se vit à même d'entrer dans la littérature, de renoncer au rôle d'employé.

Les idées hardies dont il entreprit la défense ne tardèrent pas à blesser beaucoup de susceptibilités, à lui aliéner une grande partie du public. Comme tous les vrais artistes, il était (et il est encore) très personnel ; il appelait un salon : *mon salon*, et des critiques littéraires : *mes haines*. En outre, comme tous les hommes de nature énergique et calme, comme tous les penseurs convaincus, il était lutteur. La forme dont il revêtit ses critiques, toujours violentes, souvent acerbes, leur donnait l'air d'une polémique: polémique contre toutes les conventions, contre tous les succès immérités, contre toutes les admirations non justifiées, quelquefois même contre des talents universellement reconnus et admirés. — Sa franchise sans fard, — brutale parfois, mais jamais impolie, — impatienta le public; l'on fut obligé d'interrompre la publication de *Mon Salon.*

Ainsi, le journalisme allait lui manquer.

Il avait déjà publié ses romans de *Thérèse Raquin* et de *Madeleine Férat* qui, très contestés, avaient pourtant été lus. On y trouve en germes la plupart des traits caractéristiques de son talent : c'est déjà la description minutieuse des hommes et des objets, la tyrannie des choses qui se fait sentir dans toute sa puissance, une intrigue toute simple, mais se développant par elle-même, aboutissant à la catastrophe par une sorte de fatalité. Ces deux livres renferment des pages superbes, et ont une puissance dramatique qu'on ne retrouve pas au même

degré dans ceux qui les ont suivis. On dirait
même que, plus tard, entièrement dominé par
sa pensée philosophique, obéissant sans réser-
ves à son désir de peindre les mœurs dans
toute leur crudité, M. Zola s'est interdit tout
écart de fantaisie ; il semble, aujourd'hui,
s'éloigner de plus en plus de l'intrigue, se bor-
ner à l'étude pure et simple des cas humains
et des phénomènes sociaux. Ses romans forment, dans leur ensemble, une sorte de traité
de physiologie, qui est pourtant une œuvre
d'art.

Mais la production hachée et lâchée de romans paraissant en feuilletons ou chez l'éditeur qui voudrait bien les imprimer et qui,
suivant sa spécialité, demanderait des changements, ne plaisait guère à M. Zola. Sincère
avant tout, possédant le respect de son talent
et le respect de ses lecteurs, il rêvait une
grande œuvre. Ce fut à toute une suite de circonstances qu'il dut la première idée de sa série
des *Rougon-Macquart*.

D'abord, le roman de *Madeleine Férat* posait

une question physiologique qui intéressait beaucoup M. Zola : une vierge, ayant reçu l'empreinte d'un premier homme, est-il possible que les enfants qu'elle a d'un autre homme ressemblent pourtant à son premier amant ? De nombreuses observations, faites par les éleveurs, tranchaient la question d'une manière affirmative [1].

Le jeune auteur, étonné lui-même des effets qu'il avait pu tirer d'une observation toute scientifique, résolut de mettre dorénavant la science au service de l'art.

A la même époque, il lut le curieux livre du docteur Lucas : l'*Hérédité naturelle*. Les découvertes des physiologistes venaient à l'appui de ses propres observations ; car, à Aix, où il a été élevé, M. Zola avait remarqué de lui-même plusieurs faits curieux dans son propre entourage. Ces souvenirs lui revinrent, et il fut bientôt persuadé que les phénomènes d'hérédité fournissaient une liaison suffisante à une série

1. On a vu des juments procréer des chevaux ayant la robe de l'étalon qui les avait saillies le premier.

de romans dont chaque volume serait un tout,
et qui pourtant ne pourrait être comprise et
jugée que dans son ensemble.

A cela s'ajoutait une combinaison purement
matérielle. M. Zola, qui aime ardemment le
travail de l'artiste, trouvait pénible de perdre
son temps et ses forces à *faire des lignes* pour
gagner son pain. Il proposa à l'éditeur Lacroix
de lui livrer deux volumes par année, moyen-
nant une rente de 500 fr. par mois. La propo-
sition fut agréée. — Ainsi cet auteur que l'on
accuse de vénalité engageait son avenir, auquel
il avait foi, pour dix longues années, et sacri-
fiait la propriété d'œuvres dont le rapport pouvait être considérable, dans le seul but de pouvoir travailler librement! Nul doute que la
question de vente ne l'ait préoccupé; il avait
vu d'assez près la librairie, pour savoir qu'un
auteur aimé vend ses livres, et que ceux que
l'on n'achète pas ne sont pas lus. Mais les
conditions peu avantageuses qu'il acceptait
prouvent bien que son but, en écrivant ses romans, était bien plus de satisfaire à ses goûts

de travailleur, à ses besoins d'artiste, que de gagner beaucoup d'argent.

Il avait compris que son œuvre était trop considérable pour que la scène pût en être un milieu de pure fantaisie ; comme il se proposait aussi de toucher à toutes les questions débattues aujourd'hui, il choisit comme cadre l'histoire de l'empire, dont il attaque bravement l'origine pendant que Napoléon régnait encore. *La Fortune des Rougon* parut en 1869 dans le *Siècle* ; *La Curée*, en 1870 : ces dates prouvent clairement que l'auteur n'est pas venu donner le coup de pied de l'âne au gouvernement que la France a renversé. D'ailleurs, son plan général était prêt depuis 1868. Il comprenait douze volumes, et il s'est élargi depuis. C'est un simple résumé plus que succinct des livres dont quelques-uns ont déjà paru [1]. En voici un échantillon :

« Le roman sur l'art, dont Claude Lantier

---

1. Ce plan nous a été communiqué par un des amis de M. Zola, que nous ne pouvons nommer, mais auquel nous tenons pourtant à adresser ici des remercîments.

sera le héros. » — Si nous sommes bien renseignés, ce sera le récit de la jeunesse de M. Zola, dans le Midi et à Paris ; l'intrigue, historique aussi, sera fournie par les malheurs, les luttes, les souffrances d'un artiste impuissant ou incompris.

« Le roman sur la rente viagère : *Agathe Mouret*.

» Le roman populaire : *Gervaise Ledoux et ses enfants*. » — C'est *L'Assommoir*, le nom du mari de Gervaise seul a été changé. Cela prouve d'une manière irréfutable que M. Zola n'a pas écrit le livre qui passe pour son chef-d'œuvre dans le but de forcer la popularité : sans cela, rien ne l'aurait empêché de le faire plus tôt.

« Un roman sur la guerre d'Italie ou sur Sedan, avec *Jean Macquart*.

» Un roman sur le haut commerce, le magasin du Louvre ou du Bon-Marché : *Octave Mouret*.

» Un roman sur le demi-monde : *Anna Ledoux*. — C'est le roman de *Nana* qui va paraître.

» Un roman judiciaire : *Étienne Lantier*.

» Roman de la débâcle : Faire revenir *Aristide*,

Eugène et les autres, étudier les journaux de la fin de l'Empire.

» Roman sur le siège et la Commune : Faire revenir *Maxime et les enfants.*

» Roman scientifique : *Pascal et Clotilde.* Faire revenir *Pierre Rougon, Félicité, Macquart, Pascal,* en face du fils de *Maxime.*

» Un roman sans doute avec *François Mouret* et *Marthe Rougon.* » — C'est *La Conquête de Plassans.*

A l'époque où il fit ce plan, M. Zola travaillait très vite, et espérait terminer son œuvre en quelques années: il avait fait la *Curée* en quatre mois. Depuis lors, la célébrité est venue avec tout un cortège de lourdes obligations ; la polémique a souvent entraîné l'auteur hors de ses sentiers favoris ; le théâtre lui a quelquefois pris du temps. Lui qui aime la solitude et la tranquillité, il est assailli de demandes, qu'il accueille toujours avec bienveillance. En souvenir sans doute de ses pénibles débuts, il a plus d'une fois sacrifié des heures à de jeunes auteurs qui venaient le consulter. Aussi avance-t-il plus lentement dans la tâche qu'il a entreprise. Son prochain roman, *Nana*, ne sera guère fini que dans une année ; les dix ou douze qui doivent terminer la série sont encore dans un avenir incertain.

M. Charpentier a refait avec M. Zola la convention que la liquidation de la maison Lacroix avait annulée : mais il est trop intelligent pour en demander l'exécution fidèle. Il laisse à l'artiste le temps de mûrir ses œuvres, et au lieu de la modique pension qu'il était engagé à lui servir, il lui accorde sa part de bénéfices. Au fond, ce n'est que justice ; mais la justice n'est pas une vertu assez courante pour qu'on passe sous silence les actions honnêtes qu'elle inspire.

Tel est le récit des débuts de M. Émile Zola dans la carrière littéraire. Depuis le moment où parut *L'Assommoir,* sa vie publique est connue de tous. Son caractère l'est moins, et l'on se fait volontiers de sa personnalité une idée absolument fausse.

Avant tout, c'est un travailleur. La composition et la préparation d'un de ses livres est un immense travail. Il s'entoure d'abord de tous les documents qu'il peut trouver : ce qui a fait jeter contre lui l'accusation de plagiat. Mais un romancier ne peut plagier que des œuvres d'imagination ; s'il se borne à chercher des détails curieux dans des ouvrages spéciaux, cela fait seulement honneur à sa conscience d'écrivain. Si les notes étaient admises dans le roman, monsieur Zola indiquerait certainement les ouvrages qu'il a consultés, les passages dont il s'est plus spécialement servi.

Suivons-le un instant dans l'étude préparatoire de l'un quelconque de ses livres, — de *La Faute de l'abbé Mouret*, par exemple.

Il avait à dépeindre un fanatique religieux ; avant tout, il devait connaître le langage de l'inspiration religieuse, de la foi, de l'exaltation. A cet effet, il étudia attentivement des ouvrages de piété tels que : le *Catéchisme*, l'*Abrégé du Catéchisme de persévérance*, le *Rosaire de Mai*, et surtout l'*Imitation :* ce livre si intime et si puissant devait, mieux qu'aucun autre, lui apprendre à connaître la passion contenue qui gronde au fond du cœur de tout anachorète, et qui cherche son assouvissement dans un amour en quelque sorte matériel des mystères du christianisme. M. Zola en emprunta le langage, sut faire parler à son héros la langue brûlante qu'avaient connue Jean Gerson et les fanatiques du moyen âge : c'est un mérite bien plus qu'un plagiat. — On sait toute l'importance qu'il attache aux détails précis, à la description exacte de tout ce qui fait ses héros. En fréquentant les églises et en assistant aux messes, même souvent, il n'aurait pas remarqué tous les actes du prêtre, dont quelques-uns semblent insignifiants et sont pourtant prescrits. Il se procura divers manuels connus seulement des gens d'église : *Cérémonial à l'usage des petites églises de paroisse selon le rit romain, par le R. P. Le Vavasseur; — Office du servant de la messe basse ; — Exposition des cérémonies de la messe basse.* A ce dernier ouvrage, il emprunta sa description de la messe basse dite par l'abbé Mouret (ch. II), et quelquefois des phrases entières. Nous allons mettre en regard quelques passages du roman, avec les passages correspondants du volume consulté. Par ce moyen, l'on pourra toucher du doigt le procédé de travail habituel de l'écrivain dont tout le monde s'occupe aujourd'hui :

« Vincent, après avoir porté les burettes sur la crédence, revint s'agenouiller à gauche, au bas du degré, tandis que le prêtre, ayant salué le Saint-Sacrement d'une génuflexion sur le pavé, montait à l'autel et étalait le corporal, au milieu duquel il plaçait le calice. Puis ouvrant le missel, il redescendit. Une nouvelle génuflexion le plia; il se signa à voix haute, joignit les mains devant la poitrine, commença le grand drame divin, d'une face toute pâle de foi et d'amour....

... Le prêtre, élargissant les mains, puis les rejoignant, dit avec une componction attendrie :

Oremus....

Après avoir récité l'offertoire, le prêtre découvrit le calice. Il tint un instant, à la hauteur de sa poitrine, la patène contenant l'hostie, qu'il offrit à Dieu, pour lui, pour les assistants, pour tous les fidèles vivants ou morts. Puis,

ART. 22. — Si le prêtre passe devant le grand autel, il fait une inclination profonde, la tête couverte ; s'il passe devant le lieu où repose le très Saint Sacrement, il fait une génuflexion, toujours sans se découvrir...

ART. 32. — Si le Saint Sacrement est dans le tabernacle, il fait la génuflexion sur le pavé.

ART. 33. — Étant monté à l'autel, au milieu, il place le calice à côté de l'Évangile, abaisse le voile s'il était replié, tire de la bourse le corporal, qu'il étend au milieu de l'autel....

ART. 40. — En disant Oremus, il étend et rejoint les mains....

ART. 58. — L'ayant achevé (l'offertoire), il découvre le calice des deux mains, plie le voile et le place du côté de l'épître, près du corporal...., puis, mettant la main gauche sur l'autel, hors du corporal, il prend dans la droite le cal'ayant fait glisser au bord du corporal, sans la toucher des doigts, il prit le calice, qu'il essuya soigneusement avec le purificatoire...

Et lui, les coudes appuyés sur la table, tenant l'hostie entre le pouce et l'index de chaque main, prononça sur elle les paroles de la consécration: *Hoc est enim corpus meum*. Puis, ayant fait une génuflexion, il l'éleva lentement, aussi haut qu'il put....

Et, se signant avec le calice, portant de nouveau la

calice et le place du côté de l'épître; alors il enlève la pale de la main droite. Il prend ensuite de la même main, entre le pouce et l'index et le doigt du milieu, la patène sur laquelle est l'hostie; y posant également la main gauche de la même manière que la droite, les autres doigts étendus et joints pardessous, il le tient à la hauteur de la poitrine, élève les yeux, qu'il abaisse aussitôt, et récite la prière *Suscipe, sancte pater*...

ART. 59.... Inclinant ensuite la patène, il en fait doucement tomber l'hostie sur le milieu de la partie antérieure du corporal, sans la toucher des doigts....

ART. 79.... Le Prêtre, tenant toujours l'hostie de la même manière, appui décemment les coudes sur le devant de l'autel, incline la tête, et prononce tout bas sur l'hostie, sans effort de tête ni de bouche, sans aucune élévation de voix et sans aspiration forcée, les paroles de la consécration. HOC EST ENIM CORPUS MEUM.....

ART. 80. — L'hostie étant consacrée, le prêtre la tenant

patène sous son menton, il prit tout le précieux sang, en trois fois, sans quitter des lèvres le bord de la coupe, consommant jusqu'à la dernière goutte le divin sacrifice.

toujours entre ses doigts, pose les mains sur le bord antérieur du corporal, et fait la génuflexion. S'étant relevé et la suivant des yeux, il l'élève lentement aussi haut qu'il peut...

ART. 107.... Alors, il se signe avec le calice comme il l'a fait avec l'hostie, en disant *Sanguis domini nostri Jesu Christi, custodiat animam meam et vitam, æternam. Amen.* Au mot *Jesu Christi,* il incline la tête, puis, portant de la main gauche la patène au-dessous du calice, il prend révérencieusement tout le précieux sang avec la particule en une fois ou trois fois au plus, et sans retirer le calice de sa bouche.

On nous pardonnera cette longue citation : elle montre, mieux que ne pouraient le faire des anecdotes, la conscience que M. Zola apporte à son travail. Relisez tout le chapitre duquel sont tirés ces passages : vous verrez que ce n'est pas une description aride et sèche, comme on reproche à l'auteur d'en farcir ses romans, mais que c'est toute une page de la vie de son héros. Les moineaux qui voltigent dans l'église donnent beaucoup de pittoresque à cette scène, que l'on croît voir ; dans la manière dont tous les personnages remplissent leurs fonctions, léur caractère se dessine, leur naturel se laisse deviner. Ce n'est pas tout : les détails, que l'on reproche à M. Zola de multiplier autant que possible, sont choisis avec beaucoup de tact parmi les innombrables prescriptions de l'Église. Enfin, comparez le style de la description au style de l'*Exposition des Cérémonies*, vous verrez qu'il s'en rapproche beaucoup ; et, par là, vous comprendrez que M. Zola, même quand il parle en son nom, ne quitte pas volontiers le ton de ses personnages : le style mystique du livre qui nous occupe, doit faire comprendre l'argot de l'*Assommoir*. Au lieu de voir en son auteur un chercheur de scandales, il faut donc reconnaître en lui un artiste sincère et convaincu, qui vit la vie de ses personnages, qui, pendant qu'il les crée, ne les quitte jamais, parle comme eux.

Enfin, aucune critique sérieuse n'accusera M. Zola d'avoir plagié Jean Gersen, le R. P. Le Vavasseur et l'auteur anonyme de l'*Exposition des Cérémonies de la messe basse.*

Non content d'étudier les documents impri-
més et les écrits des spécialistes, M. Zola visite
les lieux où son action doit se passer. Ainsi une
partie de son prochain roman, *Nana*, a pour scène
le théâtre des Variétés : M. Zola a passé des heures dans ce théâtre ; il l'a visité de fond en com-
ble, et en a dressé lui-même un plan très exact.

Quand il a réuni une quantité suffisante de ma-
tériaux, il les groupe sous diverses légendes :
il possède tout un dossier sur chacun de ses personnages ; il parle d'eux comme s'ils vivaient
réellement ; il indique leur âge, les circonstances dans lesquelles ils se sont développés : il
imagine même souvent des détails qu'il ne livre
pas au public, mais dont il tire les conséquences
Surtout, il soigne le portrait. Voici celui de
Nana, tel qu'il se trouve dans ses notes. Il nous
a été communiqué par un des amis de M. Zola ;
au risque de commettre une indiscrétion, nous
le transcrivons :

« Née en 1851. — En 1867 (fin d'année, dé-
» cembre), elle a dix-sept ans. Mais elle est
» très forte, on lui donnerait au moins vingt

» ans. Blonde, rose, figure parisienne, très
» éveillée, le nez légèrement retroussé, la
» bouche petite et rieuse, un petit trou au
» menton, les yeux bleus, très clairs, avec des
» cils d'or. Quelques taches de son qui revien-
» nent l'été, mais très rares, cinq ou six sur
» chaque tempe, comme des parcelles d'or. La
» nuque ambrée, avec un fouillis de petits che-
» veux. Sentant la femme, très femme. Un
» duvet léger sur les joues.....

» Comme caractère moral : bonne fille, c'est
» ce qui domine tout. Obéissant à sa nature,
» mais ne faisant jamais le mal pour le mal, et
» s'apitoyant. Tête d'oiseau, cervelle toujours
» en mouvement, avec les caprices les plus ba-
» roques. *Demain n'existe pas.* Très rieuse, très
» gaie. Superstitieuse, avec la peur du bon Dieu.
» Aimant les bêtes et ses parents. Dans les pre-
» miers temps, très lâchée, grossière ; puis fai-
» sant la dame et s'observant beaucoup. — Avec
» cela, finissant par considérer l'homme comme
» une matière à exploiter, *devenant une force*
» *de la nature, un ferment de destruction, mais*

» *cela sans le vouloir, par son sexe seul et par sa*
» *puissante odeur de femme.* »

Le passage souligné est la clef de tout le caractère : cette Nana, d'ailleurs, est la suite, le développement de la Nana que nous avons vue à l'œuvre dans *L'Assommoir :* n'ayant pas assez de cœur pour être méchante, elle aurait peut-être pu prendre de la raison si elle s'était développée dans un autre milieu ; mais dans la boue où elle a poussé, elle a puisé toute une sève mauvaise. — Un peu plus loin, dans les notes dont nous venons de citer quelques fragments, on peut lire cette phrase profonde :

« Nana, c'est la pourriture d'en bas, l'*Assom-*
» *moir* remontant et pourrissant les classes d'en
» haut. Vous laissez naître ce ferment, il remonte
» et vous désorganise ensuite. »

C'est seulement lorsque les documents ont été soigneusement dépouillés, les notes classées et étudiées, lorsqu'il a visité les lieux et a suivi ses types, que M. Zola commence enfin le travail de la rédaction.

Ce peintre vigoureux des couches les plus

boueuses de notre société, cet homme, prompt
à l'attaque comme à la riposte, qui déchaîne
tant de haines, est un bon bourgeois, vit tranquille et ne quitte guère son petit intérieur.
Il n'est heureux qu'à la campagne, en pleine
nature. Il demeurait autrefois à Batignolles ;
depuis que la fortune lui a souri, il se fait cons-
truire une maison à Médan, et habite à Paris
un appartement de la rue de Boulogne. C'est
là qu'il faut le voir, si l'on veut connaître ses
goûts : ce sont ceux d'un collectionneur, ou
plutôt d'un amateur de tout ce qui est ancien,
de tout ce qui porte un souvenir et raconte une
histoire.

La chambre à coucher est surtout curieuse.
Des vitraux garnissent les fenêtres ; il y en a
de toutes les époques : du XIIe au XVIIe siècle.
Quelques-uns sont forts beaux. Nous avons
surtout remarqué à la fenêtre de droite une
sainte Barbe et une Rébecca à la fontaine : deux
œuvres du XVIIe siècle. Entre les deux fenêtres, un coffre gothique, en fer ciselé. Un lit
Louis XIII, haut et massif, est orné de garni-

tures de chasubles en velours de Gênes. A gauche de la cheminée, un contador; à droite, une vieille armoire bretonne. La cheminée elle-même, ornée de majoliques anciennes, est entourée d'une tapisserie Louis XIII également. Les murs sont tapissés de vieil Aubusson; le plafond — pareillement un vieil Aubusson, — vient du château d'Amboise.

On respire, dans cette pièce, un vrai parfum des temps passés; elle dispose à la rêverie, elle fait courir le caprice, elle entraîne l'imagination bien loin des Rougon-Macquart.

Elle communique avec un salon, qui nous ramène aux temps modernes, grâce aux murs couverts de tableaux tout actuels: une vue d'Aix signée par Guillemet; des œuvres de Manet, de Monet, de Berthe Morizot, de Pissaro, de Cézanne, — le terrible impressionniste. A droite de la porte, au-dessus d'un sofa en velours rouge, on remarque surtout le portrait de M. Zola, en grandeur naturelle, peint par Manet, il y a dix ans. L'auteur des Rougon-Macquart a bien changé depuis ce temps-là : il a grossi, ses cheveux sont un peu tombés, mais il a conservé son bon regard, son sourire bienveillant, cet air tranquille et serein qui lui gagnent de suite la sympathie. Des deux côtés du portrait sont des appliques en verre de Venise ancien.

Les rideaux de cette pièce sont des applications de chasubles, la cheminée est garnie de dentelles italiennes d'une grande beauté; on remarque encore, au-dessus d'une porte, en guise de lambrequin, un devant d'autel italien du XVII° siècle, brodé de perles vénitiennes. Devant la table, est un grand fauteuil portugais, en palissandre massif et recouvert d'un velours rouge; ce meuble puissant fait penser de suite à l'écrivain qui s'y assied et s'y trouve à l'aise. A droite et à gauche de la porte de communication, deux armoires Louis XVI sont remplies des ouvrages favoris de M. Zola, des volumes spéciaux qu'il a consultés pour ses romans. Dans un coin de la pièce, il y a encore un piano. — M. Zola joue un peu; autrefois, d'ailleurs, il a fait de la musique : quand il était au collège d'Aix, il se forma un

petit orchestre dont il voulut faire partie. Il
essaya d'abord son talent sur les instruments
de cuivre, mais sans aucun succès. Alors, il
se rabattit sur la flûte : par malheur. les flû-
tistes abondaient ; il ne restait plus de va-
cant que la grosse caisse ou la clarinette, et
malgré le peu d'intérêt qu'offre l'instrument
classique des aveugles, M. Zola, qui voulait absolument devenir artiste, choisit la clarinette: a
seize ans, il jouait au théâtre d'Aix, et prenait sa modeste part des applaudissements que
le public accordait à l'orchestre.

L'homme qui a su se créer, en plein Paris,
un milieu si tranquille, qui a su rassembler
tant de souvenirs du passé, échappe aux accu-
sations d'ignorance et de mauvais goût, —
pour ne rien dire de pire, — qu'on a lancées
contre lui. Il vit en paix, entouré de ces objets
dont chacun parle, qui tous ont une histoire.
Après les luttes de sa jeunesse, la tranquillité
lui est chère ; peut-être pourtant regrette-t-il le
temps où rien ne venait le distraire dans son
travail, où le bruit de son nom ne lui attirait

ni troubles, ni ennuis. Est-ce à dire qu'il trace d'une main qui ne tremble jamais ses terribles tableaux de dépravation et de vice ? — Non. A quelques mots violents que l'on trouve dans ses notes, qui restent même parfois dans ses romans, on peut saisir l'indignation du satirique.

Il fut un temps où le vieux Juvénal, pour stigmatiser le vice débordé qui submergeait le monde, pressait d'une main puissante les plaies qui saignaient dans Rome. Rien ne l'arrêtait; il ne reculait devant rien. Il traînait dans la rue le lit de Messaline, montrait du doigt aux passants la femme impure dont il déshabillait l'âme. Cet Empire pourri, pétrifié, saignait terriblement, étalait, aux yeux des passants, de hideuses plaies, que le fouet du poète semblait envenimer encore ; les Bathylles des danses impures, les Locustes, les Astrées impudiques, les Tijellinus éhontés avaient horreur d'eux-mêmes en s'apercevant tachés de boue, souillés de sang, infects, dans le miroir du satirique. Et lui, lui qui remuait cette fange, il ne craignait pas de s'y salir les mains. Il s'était expliqué ; il avait dit :

Facit indignatio versus.

Eh bien ! l'indignation a le droit de revêtir toutes les formes : elle peut se cacher sous les habits bariolés du roman comme dans les pièces auxquelles on permet tout, parce qu'elles sont en vers. Et comment voulez-vous voir d'un œil tranquille le vice qui déborde parout ? Et comment voulez-vous le peindre et le flétrir sans le montrer dans toute sa laideur ? Qu'il s'étale et qu'il fasse horreur : voilà ce que veut M. Zola. Ne lui reprochons pas d'être immoral. Ce reproche-là, qu'on le garde pour les peintres de saletés à l'eau de rose, pour des talents mignards qui parent d'oripeaux les ordures du chemin, qui jettent le manteau de la poésie sur la nudité du vice ! Et qu'on reconnaisse enfin au romancier le droit de laisser l'indignation parler un langage indigné, de montrer à son époque l'image de ses vices, de faire saiguer aux yeux de tous des plaies qu'on ne guérit pas, parce qu'on les a trop cachées !

II

LE ROMAN

Nous avons dit avec quelle violence le roman de *L'Assommoir* fut attaqué et dénoncé. Parmi les nombreuses questions qu'il souleva, il en est deux que nous avons particulièrement à cœur d'élucider : Les uns accusaient M. Zola d'avoir volé sans pudeur un ouvrage assez inconnu, le *Sublime*, de M. Denis Poulot ; d'autres, au contraire, prétendaient, — pour employer le style « squammeux », sinon les expressions textuelles d'une critique fort à la mode, — qu'il outrait l'outrance, qu'il violentait la violence, qu'il exagérait l'exagération, qu'il abaissait l'abaissement et désolait l'abomination. Ces deux opinions, assez contradictoires, ayant été avancées, il s'agit d'examiner laquelle des deux est la bonne, —ou si peut-être l'une et l'autre seraient mauvaises.

La question de plagiat peut se trancher sans la moindre difficulté. Nous avons expliqué comment M. Zola travaille ; nous l'avons montré entouré de documents divers. Or, le *Sublime* est un *document,* ce n'est en aucune façon un ouvrage d'imagination : son titre seul a pu faire illusion. Le volume est divisé en deux parties : dans la première, M. D. Poulot étudie les divers types d'ouvriers mécaniciens qu'il a rencontrés dans sa carrière ; de cette étude particulière, il s'élève à des considérations générales sur la position des prolétaires ; et, dans la seconde partie, il aborde hardiment la question sociale. Il est évident qu'un romancier peut consulter un livre semblable, y prendre même quelques noms, quelques anecdotes, sans être pour cela un plagiaire ; quand on écrit un roman historique, on est forcé de lire l'histoire, de mettre en scène des personnages dont beaucoup d'historiens ont parlé : on ne vole pas ces histo-

riens pour cela. Richelieu n'appartient ni à un
historien, ni à un romancier : Dumas a pu le
peindre à sa fantaisie, l'habiller comme il a
voulu, et aucun des biographes du cardinal-
duc n'aurait eu l'idée de « lui réclamer des
droits d'auteurs ». — Il en est exactement de
même pour le roman populaire ; M. Denis
Poulot a cité des faits, étudié des types ; les
résultats de ses études, il les livrait au public ;
M. Zola pouvait les utiliser sans rien ôter à la
valeur du *Sublime*. Il n'a pas plus plagié
M. Poulot que le R. P. Le Vavasseur, cité plus
haut. — Cela est tellement clair, que nous rou-
gissons de le discuter ; mais il y a des gens que
l'évidence éblouit.

Quand on lance contre un écrivain l'accusation de plagiat, cela prouve son originalité. Or,
certains critiques se donnent une peine immense
pour chercher des prototypes aux personnages
de M. Zola. Ils en trouvent, et il n'y a rien là
d'étonnant : les caractères que veut tracer un
grand écrivain sont presque toujours en germes
chez des auteurs précédents ou contemporains

qui n'ont pas son génie et ne savent que les esquisser.

Passons maintenant au second point que nous voulons tâcher d'éclaircir :

L'Assommoir est-il une œuvre d'exagération ? Est-ce un livre antidémocratique et antisocial, qui vise à calomnier le peuple ? — La question, fixée déjà quand le roman parut, est revenue à l'ordre du jour dans les critiques du drame. Nous lisons dans le *Petit National* (21 janvier) :

« On est venu nous raconter que l'auteur,
» préoccupé d'une haute question de morale, a
» voulu montrer la décadence fatale d'une
» famille d'ouvriers, dans le milieu empesté de
» nos faubourgs. La chose est aimable pour
» nos faubourgs et équivaut à dire : la déca-
» dence d'une famille d'ouvriers dans le milieu
» empesté des ouvriers. »

L'accusation est grave. A un moment où les misères du peuple émeuvent tous les cœurs généreux, où l'on cherche sérieusement un moyen d'y remédier, il serait criminel de ca-lomnier ce peuple, d'exagérer ses vices ; mais

il est honnête, utile et moral de le montrer tel
qu'il est. D'ailleurs, une accusation semblable
ne se discute pas ; elle se prouve ou se dément
par des faits. Les faits que nous allons citer,
nous les prendrons, sans nous permettre de les
commenter en aucune façon, dans le livre
même de M. Poulot. Ce livre est écrit par un
homme du peuple, qui connaît les ouvriers pour
avoir vécu avec eux et comme eux : nul ne
l'accusera de chercher à les noircir.

L'auteur a fait ses observations sur les ouvriers mécaniciens, qui forment la septième
partie de la population laborieuse de Paris. Il
les divise en huit classes, dont il indique les
proportions, et qui forment une graduation
ascendante vers le vice :

« Sur cent travailleurs, dit-il, il y a :

» 10 ouvriers vrais ;

» 15 ouvriers ;

» 15 ouvriers mixtes ;

» 20 sublimes simples ;

» 7 sublimes flétris ou descendus ;

» 10 vrais sublimes ;

» 16 fils de Dieu ;

» 7 sublimes des sublimes [1]. »

..... « Les sublimes, un grand nombre du
» moins, ont déteint sur leur femme : il y en a
» parmi elles qui boivent bien, c'est une habi-
» tude que leur homme leur a fait prendre ; si
» elles attrapent un poche-œil : « Oh ! c'est
» rien, ils se sont taraudés pendant la nuit [2]. »

..... « Une partie des femmes et des filles de
» sublimes vendent et prostituent leurs char-
» mes, ou jouent le rôle infect de procureuses,
» entremetteuses et un rôle plus ignoble en-
» core..... [3] »

Mais tout cela, ce sont des généralités, des
observations vagues que rien ne justifie. *L'As-*
sommoir va bien plus loin, n'est-ce pas ? Il faudrait préciser. Précisons ! Voici des faits :

« Le plus beau type du vrai sublime est
» mort, il y a quelques années ; nous devons
» quelques mots à ce génie transcendant.

1. Page 229.
2. Page 197.
3. Page 195.

» Il se nommait Ar...in, homme ayant été
» très intelligent et très adroit. Bon dessina-
» teur, ancien horloger, il s'était lancé dans la
» mécanique ; une partie des modèles du Con-
» servatoire ont été exécutés par lui. Ses capa-
» cités lui firent gagner la couronne des po-
» chards ; après avoir descendu et avoir passé
» par toutes les dégradations humaines, il fut
» proclamé empereur des pochards et roi des
» cochons. Son couronnement a eu lieu au
» *Là, s'il vous plaît*, chez Boulanger, traiteur,
» à la barrière des Vertus. Ce qui avait provo-
» qué ce brillant honneur, c'est qu'Ar...in avait
» mangé une salade de hannetons vivants et
» mordu dans un chat crevé [1]. »

Voilà pour la tempérance ; voici pour la
moralité :

« Un vrai sublime forgeron avait touché
» cinquante-cinq francs pour sa paie de quin-
» zaine ; il aurait très bien pu, s'il avait fait
» ses douze jours, toucher de soixante-dix à

---

1. Page 98.

» quatre-vingts francs. Sa femme était enceinte
» de sept mois ; il avait deux garçons, l'un de
» sept ans, l'autre de quatre et une pe.ite fille
» de quinze mois. Il habitait une mansarde
» sans air, rue de Meaux ; deux petites pièces
» formaient ce logement, si l'on veut donner ce
» nom à ce taudis. Pendant la quinzaine, le pa-
» tron lui avait fait avoir à crédit en répondant
» pour lui, il se gorgeait bien ; quant à sa
» femme et à ses enfants, il ne s'en occupait
» pas. La malheureuse allait dans un marché
» accompagnée de ses enfants, ramasser dans
» un sac des feuilles de choux ou de quelques
» autres légumes avariés. L'aîné des enfants re-
» cueillait l'avoine que les chevaux laissaient
» tomber aux stations des voitures de place.
» Elle obtenait de la compassion d'un boucher
» et d'un marchand de vins, quelques morceaux
» de vieilles viandes et vivait ainsi. A la sortie
» de la paie, après force litres, notre sublime
» rentra à onze heures du soir moitié ivre et
» accompagné d'une prostituée du plus bas
» étage. Après une lutte et force coups de poing,

» il força sa femme et ses enfants à coucher
» dans la première pièce, et lui s'installa dans
» la deuxième avec son ordure. Le lendemain,
» ils partirent ensemble, mais pour faire *mar-*
» *ronner* sa femme, il remit devant elle vingt
» francs à la prostituée [1]. »

Et maintenant, dites que *L'Assommoir* est un
tissu de mensonges et d'exagérations.

Encore quelques mots de M. D. Poulot, et
nous quitterons le *Sublime :*

« Ouvrier est synonyme de travail, dignité,
» respect.

» Sublime est synonyme de paresse, dégra-
» dation, avilissement. *Le gangrené est déjà*
» *pour la société une lèpre assez dégoûtante,*
» *mais quand il a des enfants, il corrompt tout.*
» *Le sublimisme, ce vomito-negro du travailleur,*
» *est contagieux.* L'exemple est tout pour les
» jeunes natures. Puis, vous voudriez que des
» enfants de sublimes soient sobres, respec-
» tueux, travailleurs, allons donc ! Nous avons

---

1. Pages 200-201.

» entendu un petit garçon de treize ans appeler
» sa mère « vache, bonne à rien », lui dire que
» son père avait bien raison de lui » adminis-
» trer de bonnes danses en attendant qu'il soit
» assez fort pour en faire autant [1]. »

Ces réflexions si judicieuses d'un homme qui
a passé sa vie avec les ouvriers, et qui ne prend
la plume que pour proposer des remèdes à leur
misère, sont-elles suffisantes à faire comprendre l'expression employée par M. Zola, de « milieu empesté de nos faubourgs [2] » ? Ne sait-on
pas que les mauvais corrompent les bons bien
plus que les bons ne corrigent les mauvais ?
Et n'est-il pas clair que, tout en partant du
« milieu empesté des faubourgs », l'auteur n'entend pas dire par là que la classe ouvrière est
universellement gangrenée, ou même l'est en
majorité ? Qu'on nous permette une comparai-
son peu propre, mais juste : un fumier empeste
un jardin, quand bien même le jardin est tout
parsemé de fleurs.

1. Page 201.
2. Préface de *L'Assommoir*.

Tous ces faits nous ont prouvé que l'œuvre de M. Zola est vraie, qu'elle n'est ni une calomnie lancée contre le peuple, ni une caricature de la classe ouvrière, peut-être même qu'elle a une portée sociale. Mais est-elle une œuvre d'art ? — Voilà la question qui nous embarrasse maintenant.

Pour le résoudre, cherchons comment M. Zola a travaillé la pâte que lui fournissaient ses études et ses observations.

Quand il a eu choisi le paysage, il y a d'abord *placé* des types très divers, quoi qu'on en dise. Ce qui crée leur diversité, ce n'est pas la différence de leur position sociale ; un ouvrier peut différer d'un ouvrier tout aussi bien que d'un grand seigneur, et ceux qui reprochent à *L'Assommoir* de n'être éclairé par aucun rayon, ne se sont pas donné la peine de le lire et de le comprendre. Le bien existe, dans ce livre puissant. N'est-ce pas un rayon, que la beauté unie à la force de Goujet, que la noblesse d'âme de sa mère ? Et cette pauvre petite Lalie, qui meurt sans une plainte sous le fouet d'un père fou d'alcool, n'en est-ce pas un aussi, et du plus pur idéal? Mais le rayon qui pénètre dans la mansarde ne ressemble pas au rayon qui fait briller le marbre d'un palais : il a de la peine à entrer, à travers des carreaux ternis ou brisés, dont les morceaux sont retenus par un papier sans transparence ; il n'arrive que tout pâle dans ce pauvre milieu, et les graines de poussière qu'il fait danser en grand nombre l'obscurcissent encore. Oui, sans doute, il a plus d'éclat quand il baigne les fleurs d'un parterre, ou quand il réchauffe les statues belles et nues d'un grand parc: mais, pour tout cela, il n'est pas plus soleil. Le peintre qui rend sa splendeur obscurcie n'est pas moins admirable que celui dont les couleurs chaudes enluminent une toile aristocratique. — La grande *Virginie*, le *Louchon d'Augustine*, *Mes-Bottes*, *Bibi-la-Grillade*, tous ont un caractère, une spécialité, pour ainsi dire ; mais ils ne semblent là que pour diriger les divers degrés de l'échelle que descend Coupeau, entraînant Gervaise dans sa chute.

Le roman tout entier semble destiné seulement à aider au développement de ces deux caractères. L'auteur ne les quitte pas un instant. Il les pose d'abord, dès l'entrée. Coupeau a toujours été honnête et bon ouvrier; Gervaise, bonne nature, au fond, chaste malgré ses fautes, a été gâtée par une abominable éducation ; pendant quelque temps, même, elle a donné dans l'ivrognerie, elle buvait de l'anisette ; puis elle s'est laissé séduire par Lantier. Mais la maternité et la douleur lui ont rendu le sentiment du bien. Abandonnée par un amant, elle a juré de vivre honnête et de se dévouer à ses enfants. Elle rencontre Coupeau, qui l'épouse. Tout fait supposer qu'ils vivront heureux et seront des ouvriers modèles. Mais non : les événements se conjurent pour les entraîner à leur perte. On les voit avancer d'abord, faire de petites économies, se créer un gentil intérieur. Mais l'accident de Coupeau vient troubler cette paix, et le dégringolade commence. Le malheureux passe par tous les degrés d'avilissement, entraîné non seulement par un penchant naturel à l'ivrognerie, qu'il a hérité de son père, mais par de mauvais camarades qui le corrompent, par une série de petites circonstances qui agissent sur lui ; enfin, quand il est déjà tombé assez bas, Lantier achève de le traîner dans la boue. L'influence des faits, la tyrannie des choses est montrée par l'auteur avec un soin particulier ; il ne se contente pas de dessiner l'âme de son héros : il recherche et montre les parcelles empoisonnées que ce malheureux a respirées dans l'air, les poisons qu'il s'est laissé verser, les meurtrissures des obstacles qu'il a rencontrés, dont il n'a pas su faire disparaître la trace.

Gervaise, nature molle, indifférente, cherche en vain une planche de salut : son mari l'entraîne en tombant, elle veut d'abord le retenir, puis, quand elle ne peut plus, elle se laisse choir avec lui ; elle souffre tant de l'abrutissement de cet homme, qu'elle finit par l'envier : il ne sent rien lui, il est ivre ! Il n'a pas faim : il boit ! — Et tous deux arrivent ensemble à croupir dans la fange, à végéter dans le vice sans en sentir la puanteur.

Il faut le reconnaître, les détails sont nombreux : mais y en a-t-il trop pour expliquer cette chute épouvantable, cet abaissement graduel de deux êtres que l'on nous a d'abord fait aimer ? Y en a-t-il trop pour faire saigner le cœur ? Pour inspirer une immense pitié du misérable qui tombe et de la femme qu'il entraîne ? — Le dégoût même du livre que témoignent des esprits très délicats, habitués à des peintures à l'eau de rose de péchés mignons, à des récits d'infamies *comme il faut*, prouve que l'auteur a atteint son but. Il a ému, et si profondément et en touchant une note si vraie, qu'on ne peut pas lui pardonner. Ainsi, les Athéniens d'autrefois condamnaient à une amende un poète qui les avait fait trop pleurer. Ainsi, dans une autre époque, les marquis de Louis XIV voulaient rosser Molière, parce qu'ils se reconnaissaient dans ses satires.

Quand un livre excite des haines, on peut être sûr qu'il a touché une plaie et fait frémir la vérité. Les peintres de scandale par amour du scandale trouvent des amateurs qui les achètent, mais personne qui ose élever la voix pour les défendre. Leurs œuvres procurent quelques heures d'un sale plaisir, mais ne passionnent pas et meurent bientôt dans la solitude.

III

HISTOIRE D'UN DRAME

M. Zola, dont les trois tentatives dramatiques n'ont pas été heureuses, et qui est très convaincu qu'une pièce tirée d'un roman est une œuvre inférieure, n'avait aucune envie de livrer une nouvelle bataille sur le terrain de l'*Assommoir* : il l'aurait perdue, ou n'aurait pu la gagner qu'en sacrifiant ses théories. Lui-même d'ailleurs, explique très clairement les raisons qui l'ont engagé à rester en dehors du drame :

« Personnellement, dit-il dans son feuilleton
» du *Voltaire*, je regardais la scène comme
» une tentative grave et dangereuse. Jamais
» je n'aurais risqué cette tentative moi-même.

» Fatalement, lorsqu'on transporte une roman
» au théâtre, on ne peut obtenir qu'une œuvre
» moins complète, inférieure en intensité ; en
» un mot, on gâte le roman, et c'est toujours
» là une besogne mauvaise, quand elle est faite
» par le romancier.

» En outre, mon cas particulier se compli-
» quait de trois échecs successifs, ce qui méri-
» tait réflexion. Le jour où il me plaira de ten-
» ter la fortune des planches une quatrième
» fois, je commencerai, par choisir mon ter-
» rain avec le plus grand soin, afin de livrer
» bataille dans les meilleures conditions pos-
» sibles. Et, je l'avoue, le terrain de l'*Assom-*
» *moir* me paraissait détestable. Je me deman-
» dais pourquoi tripler les difficultés en pre-
» nant des personnages, un milieu, une lan-
» gue, qui m'obligeraient à des audaces trop
» brutales, si je voulais rester dans la note
» strictement réelle. Il n'est point lâche de
» refuser le combat quand la position n'est pas
» bonne.

» Donc il ne me plaisait pas de lutter avec mon

» roman et de courir les risques de ce casse-
» cou. Mais je ne voyais aucun mal à ce qu'un
» autre tentât l'aventure. Un autre ne serait
» pas tenu à respecter scrupuleusement le livre,
» un autre aurait toute liberté d'atténuer, de
» modifier, de travailler en dehors des idées
» théoriques que je professe ; on ne lui deman-
» derait que de l'intérêt, du rire et des larmes.
» C'est ainsi que j'ai été amené à autoriser
» MM. Busnach et Gastineau, et je les ai choisis
» entre beaucoup d'autres, parce qu'ils vou-
» laient bien me désintéresser complètement
» et accepter toute la responsabilité, sans ré-
» clamer en rien ma collaboration. »

Cette autorisation qu'il a accordée, les critiques la lui reprochent comme une concession
indigne de lui, comme un sacrifice de ses principes fait au désir du succès ou de l'argent.
Nous allons raconter l'histoire de ce drame,
qui, comme beaucoup de choses, est né du hasard. Ensuite, quand les faits seront connus,
ceux qui le croiront juste jetteront la pierre à
M. Zola.

M. William Busnach n'avait jamais fait de drame et ne songeait guère à en faire. Il s'en tenait à des vaudevilles, que l'on représentait avec assez de succès aux Varriétés, au Palais-Royal, ou aux Folies-Marigny. Mais son étoile l'avait destiné à jouer le rôle de novateur, à partager les haines qu'excita la nouvelle école naturaliste. — Un jour qu'il flânait sur le boulevard, il rencontra M. Mendès. M. Mendès tout en causant de choses et d'autres, lui demanda de lui procurer des abonnés pour un journal qu'il fondait : *La République des lettres.* M. Busnach le pria de lui adresser d'abord quelques exemplaires du premier numéro. Ce qui fut fait. Dans ce premier numéro, se trouvaient les premiers chapitres de *L'Assommoir,* ceux qui avaient déjà paru dans le *Bien public* et dont les réclamations des abonnés avaient interrompu la publication. Cette trouvaille d'un coin de la société encore peu exploré, le style puissant et ces types pleins de vie intéressèrent si fort M. Busnach, qu'il courut supplier M. Mendès de lui permettre de lire le manuscrit, jurant qu'il ne pouvait pas attendre la fin. M. Mendès lui donna un mot pour M. Zola, et celui-ci, peu habitué alors à l'admiration, accorda avec plaisir la permission demandée. — M. Busnach, en dévorant le manuscrit, éprouva un sentiment d'admiration, d'enthousiasme, que, jusque-là, *Les Misérables* et *Les Châtiments* avaient seul excité en lui.

Quelque temps après, *L'Assommoir* parut en volume, et excita les scandales que l'on sait. M. Zola, qui avait été fort touché de l'admiration expansive de M. Busnach, lui en envoya un volume avec une dédicace. M. Busnach alla le remercier ; le désir d'utiliser la situation du roman pour la scène l'avait déjà piqué ; et, plutôt comme interrogation que comme exclamation, il lança cette phrase :

« Quel dommage que l'on ne puisse pas transporter cela au théâtre ! »

M. Zola haussa les épaules en souriant, et trouva étrange l'idée même d'une pareille entreprise. On n'en parla plus.

— M. Busnach avait prêté le volume qu'il admi-

rait à son collaborateur et ami, M. Gastineau ;
celui-ci, après l'avoir lu avec soin, crut qu'on
en pouvait tirer un vaudeville en trois actes
pour les Variétés. Les deux amis passèrent
quelques heures à étudier la question. Mais les
couplets refusaient de venir, les lèvres qui voulaient rire se crispaient, les situations légères
ne se découpaient pas ; loin de là, l'action tra-
gique se dessinait, s'imposait. — On comprend
que la lugubre apparition du drame ait d'abord
effrayé deux vaudevillistes. Néanmoins, ils se
décidèrent bientôt à aborder franchement ce
sujet qui s'emparait d'eux, et furent demander
à M. Zola l'autorisation de tirer une pièce de
son roman.

Un détail : M. Gastineau, qui était fort ti-
mide, attendit dans un fiacre le résultat des
démarches de son collaborateur.

Le succès colossal de *L'Assommoir* avait déjà
alléché plus d'un dramaturge ; il avait été question de M. Siraudin, puis de M. Sardou ; mais
l'affaire de s'était pas arrangée. Aussi M. Zola
répondit-il alors aux sollicitations de M. Bus-

nach par un mot qu'il ne prononce pourtant pas souvent :

« Impossible ! »

M. Busnach insista, et finit par obtenir l'autorisation de faire un scénario, qu'il rapporta au bout de trois jours. Mais, dans ce court intervalle, un auteur, très aimé du public, et qui est académicien, avait déclaré la tentative absolument irréalisable. M. Busnach mit son point d'honneur à le faire mentir ; comme son plan plut à M. Zola, il obtint enfin l'autorisation qu'il rêvait.

Le plan primitif comprenait douze tableaux. Deux ont été retranchés : l'un, qui était un simple changement de décor au dernier acte ; l'autre, qui se passait après la scène de l'échafaudage, avait pour titre : *La première bouteille* ; c'était le premier pas de Coupeau vers l'ivrognerie. — Après la première, comme le drame était trop long, on a dû supprimer encore le tableau de la Forge, qui plaisait peu au public.

Quatre mois après que les auteurs eurent commencé leur œuvre, Gastineau mourut, et

M. Busnach se trouva seul chargé de toute la besogne : seul, disons-nous, car M. Zola avait mis comme condition *sine quâ non* à son autorisation, qu'il n'aurait absolument pas à s'occuper de la pièce, et que, dans aucun cas, son nom ne serait mis en avant. Cette condition a-t-elle été strictement remplie? Il est difficile de le croire. Dans plusieurs passages du drame de l'Ambigu, on retrouve la touche vigoureuse du puissant naturaliste. D'ailleurs, il est fort probable que M. Busnach soumettait son plan et son travail à M. Zola, et celui-ci n'aura sans doute pas pu s'empêcher de lui prêter l'appui de ses conseils. A quel point s'est arrêtée cette collaboration inévitable? C'est ce que nous ignorons. Mais il faut croire qu'elle n'a pas été bien loin, puisque M. Zola, qui pourtant ne refuse jamais la responsabilité de ses actes et de ses œuvres, ne l'a pas avouée.

Jusqu'à présent, on a répété sur tous les sens que l'auteur des *Rougon-Macquart* était un romancier, mais n'avait aucune des qualités indispensables au dramaturge ; ses trois échecs étaient une preuve à l'appui de ce qu'on avançait. — Quand *L'Assommoir* eut réussi, les opinions changèrent, on le rendit responsable de toutes les habiletés scéniques qui gâtent le sujet. Il y a là une contradiction flagrante ; et c'est pourtant de là qu'on part pour accuser M. Zola d'être un spéculateur sans vergogne, un écrivain sans foi ! — Cela montre sur quelle base s'appuient la plupart du temps ses détracteurs.

Une fois le drame achevé, il s'agissait de le faire jouer ; là commençaient les difficultés. Peu de directeurs auraient eu le courage de monter une pièce pareille, à grand spectacle, et qui avait, au dire de tous, neuf chances sur dix de faire un « four ». M. Chabrillat, qui reprenait l'Ambigu et qui ne demandait qu'à donner du relief à ce vieux réceptacle du *mélo*, se chargea bravement de cette téméraire entreprise ; il eut le mérite de croire au succès, et de ne reculer devant aucun sacrifice pour l'assurer.

Il ne restait plus que les acteurs à trouver.

M. Gil-Naza ne fit aucune difficulté pour accepter le rôle de Coupeau. Après l'avoir lu, il rencontra M. Busnach dans les coulisses de l'Ambigu, un soir que l'on donnait *La jeunesse de Louis XIV*. Il vint à lui, lui serra la main avec effusion, et lui dit :

« Ce sera mon éternel honneur, d'avoir créé le rôle de votre pièce. Et quant au succès, on peut garantir deux cents représentations. »

En parlant ainsi, il portait son costume de Mazarin. Et, depuis ce moment, il étudia son rôle avec une ardeur que rien ne ralentit, avec une conscience que rien ne rebuta. Il a passé des journées à Sainte-Anne ; il a pénétré dans les vrais assommoirs, il a vu de près cette vie du peuple qu'il voulait représenter.

Il fut plus difficile de trouver une Gervaise. Mlle Rousseil, à laquelle on s'adressa d'abord, refusa : le rôle ne lui convenait pas. Mme Léonide Leblanc ne put pas s'en charger ; Mlle Antonine non plus. On était fort embarrassé. C'est alors que Mlle Sarah Bernhard dit un jour à M. Busnach :

« Vous cherchez une Gervaise? Mais vous en avez une sous la main : c'est Hélène Petit, qu'il vous faut ! »

Le soir même, M. Busnach courut à l'Odéon, où l'on donnait *Conrad;* le lendemain, il se présentait chez Mme Hélène Petit. Il lui lut le rôle, qu'elle écouta avec une émotion profonde et toujours croissante ; quand il eut fini, elle se jeta dans les bras de son mari, M. Marais, en s'écriant :

« Ah ! voilà le rôle qu'il me faut ! Je l'attends depuis cinq ans ! »

Grâce à l'obligeance de M. Duquesnel, l'affaire put s'arranger ; tout le monde fut content, — excepté, à ce qu'on dit, M. Marais, qui aime mieux voir sa femme en princesse qu'en ouvrière, et en robe blanche qu'en haillons.

M. Dailly fut chargé du rôle difficile de Mes-Bottes, qu'il joue avec tant de bonne humeur. Il s'est aussi donné beaucoup de peine, et peut prendre sa part au succès. C'est lui qui a eu l'idée magnifique d'ouvrir au milieu son immense pain, et d'y enfermer son petit morceau de fromage ; c'est encore lui qui a imaginé la charmante scène muette de Gervaise, embrassant la rose que Goujet lui a offerte pour sa fête.

Le rôle de Nana, qui paraît d'abord à dix ans, puis à vingt, n'était pas facile à remplir. Par bonheur, Mlle Louise Magnier a une nièce, qui lui ressemble, ce qui permit de surmonter encore cet obstacle.

Les décors enfin, ont été donnés à MM. Chéret, Zarra, Poisson et Cornil, qui, tous, ont rivalisé de zèle et d'exactitude.

Ainsi, rien n'était négligé ; dans le plan de bataille, on ne livrait rien au hasard.

IV

UN INCIDENT. — LA PREMIÈRE DE L'AS-SOMMOIR

Malgré tant d'efforts, on pouvait craindre un échec. — Les inquiétudes redoublèrent lors d'un incident qui a soulevé mille querelles, et dont je dois dire quelques mots.

Depuis quelques années, M. Zola envoie chaque mois un article littéraire à une revue russe, le *Messager de l'Europe* ; il y traite diverses questions littéraires. Dans un des derniers numéros, il publia une étude sur le roman français, dans laquelle il exprima ses opinions avec la franchise qui lui est habituelle. Cet article fut remarqué par le correspondant parisien d'une revue suisse la *Bibliothèque universelle*, qui en donna une analyse et en traduisit quelques passages. Cela excita un vrai scandale. Au lieu de regarder M. Zola comme un homme qui a des opinions et les défend, on le montra du doigt comme un calomniateur et un envieux. Les uns attribuaient ses jugements sévères à une vile jalousie ; d'autres, à un intérêt de spéculateur du plus bas étage ; personne ne soupçonna qu'il pût être sincère.

On crut remarquer qu'il ne faisait grâce qu'aux romans édités par M. Georges Charpentier, et on l'accusa d'avoir fait une réclame. Pourtant, le fait pouvait s'expliquer autrement. On sait que le groupe d'écrivains dit *naturaliste* (puisqu'il faut employer ce mot) se réunit chez M. Flaubert, que tous professent plus ou moins les mêmes idées. On aurait pu penser que M. Zola défendait les œuvres et les théories de ses amis littéraires plus encore que les intérêts de son éditeur : car enfin, il ne pouvait logiquement pas prendre le parti des auteurs qui professent des théories directement opposées aux siennes, qui d'ailleurs ont tous des organes pour se défendre quand on les attaque, et, le cas échéant pour attaquer eux-mêmes. Mais on se garda bien de poser cette alternative. On ne voulait pas non plus remarquer que tous les romanciers cités avec éloges par M. Zola n'ont pas des volumes chez M. Charpentier :

M. Alphonse Daudet en a plusieurs chez Dentu qui publiera aussi la *Reine Frédérique*, après qu'elle aura paru comme feuilleton dans le *Temps*.

M. Duranty, qui n'est guère connu, et auquel M. Zola accorde pourtant de grands éloges, a fait paraître tous ses romans chez le même éditeur, et n'en a aucun chez Charpentier.

M. Flaubert a été fort longtemps imprimé chez Michel Lévy ; ce n'est qu'à la suite d'une vive altercation avec lui qu'il l'a quitté.

Enfin, M. de Goncourt, — comme M. Zola lui-même, — a été édité par la maison Lacroix, jusqu'au moment de sa liquidation : M. Charpentier a pris la peine d'aller le chercher lui-même, comme il avait été chercher M. Zola.

Les idées que M. Zola défend depuis trois ans dans le *Bien public,* dans le *Voltaire* et dans le

Messager de l'Europe ne lui sont, d'ailleurs, pas particulières : ce sont celles que professe tout le groupe auquel il appartient ; probablement que M. Flaubert et M. de Goncourt les défendraient avec la même vigueur s'ils faisaient du journalisme : M. Zola, le seul du groupe, se trouve placé dans la critique militante ; par ce fait même, il est appelé à défendre les théories qu'on lui connaît ; il le fait avec d'autant plus de vigueur qu'il se sent appuyé par le suffrage et par les opinions des hommes dont il estime le plus le goût et le talent.

Ses critiques littéraires sur le roman, qui ont paru dans le *Messager de l'Europe*, et ses articles du *Voltaire* réunies sous le titre de : *Le Naturalisme au théâtre*, paraîtront prochainement, en même temps qu'une nouvelle édition de *Mes haines ;* l'on pourra voir que ses opinions sont les mêmes depuis longtemps.

On a beaucoup reproché à un romancier d'avoir jugé d'autres romanciers ; on trouve là de l'indélicatesse. Il semble pourtant que chacun a le droit de dire ce qu'il pense, et peut le dire

sans forfaire à l'honneur. Mais M. Zola a le
malheur de sortir du ton de congratulation et
de ménagements qu'emploient volontiers les artistes, quand ils parlent publiquement les uns
des autres. Son style bref, sa manière un peu
sèche, un peu hautaine de présenter ses observations, ont exaspéré bien des susceptibilités.
Toutefois, il ne nous semble pas mériter le reproche de violence: la violence est quelque
chose de relatif, n'est-ce pas? Eh bien! comparez les articles que nous transcrivons ici, et dites vous-mêmes de quel côté elle se trouve:

Voici d'abord l'article consacré à M. Ulbach:

« Je nommerai M. Ulbach, qui a beaucoup produit
dans des tons neutres. Celui-là dérive de Lamartine
qu'il a connu et dont il a pris la manière fluide et molle-
ment imagée. Son seul succès a été son roman: *Monsieur et Madame Fernel*, une peinture de la vie de province
assez exacte. Ses vingt-cinq ou trente autres romans se
sont vendus raisonnablement, à deux ou trois éditions
en moyenne. Aujourd'hui il travaille encore beaucoup;
il ne se passe pas d'année où il ne jette dans la circula-
tion deux ou trois volumes ; mais la critique ne s'occupe
plus de lui, il est en dehors de la littérature militante.

» J'ai cité M. Ulbach parce qu'il est le type bien net
des romanciers qui passent pour écrire des romans lit-

téraires ; on entend par là des analyses, par opposition aux romans feuilletons, qui sont bâclés sans aucun souci de la grammaire ni du bon sens. Rien n'est curieux à étudier comme le style de M. Ulbach ; c'est un style mou, qui s'en va par filandres, avec des intentions poétiques à tout propos ; les comparaisons s'entassent, les images les plus imprévues se heurtent, les phrases flottent comme des mousselines peinturlurées, sans qu'on sente dessous une carcasse solide et logique, cette carcasse résistante qui doit tout porter, et qui seule indique un écrivain de race. En somme, il n'y a que des intentions de style ; le style manque, la façon personnelle de sentir, et le mot juste qui rend la sensation. M. Ulbach n'en a pas moins passé pour un écrivain, dans les journaux et dans un certain public. »

Dans le numéro du 28 décembre 1878, de la Revue politique et littéraire, nous trouvons sous le titre de *Notes et impressions*, un article de M. Louis Ulbach dont nous transcrivons le commencement :

« On s'entretient, depuis huit jours, de l'article de M. É. Zola, à l'usage de la Russie, dans lequel il prétend administrer le knout aux romanciers français, en exceptant toutefois les confrères de la librairie Charpentier.

» Pour mon compte, je ne suis pas surpris. Une enquête sérieuse, polie, des principes clairs, des définitions exactes m'eussent étonné davantage. Je trouve M. Zola dans la logique de son talent comme dans la plénitude de son droit. On sait qu'il a l'épiderme aussi chatouilleux qu'il a le poing épais, et ses dédains sont des représailles.

» Je n'avais pas attendu sa pitié méprisante pour dire mon sentiment, il y a bientôt·dix ans, sur *la littérature putride*; je suis presque confus, désappointé d'être si peu injurié. M. Zola accorde une réalité approximative aux peintures de province que j'ai faites dans mon roman *Monsieur et Madame Fernel*. Il est bien bon ; il est trop bon. Je ne veux pas de ses ménagements. Thérèse Raquin et Gervaise doivent plus de gros mots à Mme Fernel. Elles ne se vengeront jamais assez.

» Je sais bien que M. Zola m'avait déjà pardonné mon indignation sincère, quand il daignait, par exemple, me demander de le prendre pour collaborateur au journal *La Cloche.*

» Je fus heureux de lui donner les moyens de faire une besogne décente, bien qu'il fût obligé de rendre compte de l'Assemblée de Versailles. J'eus plusieurs fois à corriger, à assainir, à supprimer des passages scabreux, et j'ai des lettres où il se plaint de ma pudeur....

» ... Il se souvient, à la fin, de mon accueil confraternel quand il ne m'assomme qu'à moitié, et de mes critiques quand il me jette en dehors de la critique actuelle. Il a bien tort s'il est un peu reconnaissant. Je ne lui demande pas plus d'égards que ses héros n'ont de conscience. *Je serai toujours très honoré de sa rancune.....*

» ... Je me souviens d'avoir lu dans *Thérèse Raquin,* avec la description d'un cadavre de femme en décomposition : « C'est à la Morgue que les voyous ont leur première maîtresse. » Je voudrais que les écrivains de

mon temps ne bornassent pas leurs amours éternelles
aux premières amours des voyous. »

Voici maintenant le passage le plus violent
de l'article de M. Zola consacré à M. Claretie :

« ... Pourtant, les volumes s'entassaient avec une dé-
sespérante monotonie. Ils demeuraient tous semblables.
Ils étaient tous aussi bons et aussi mauvais les uns que
les autres. Et, à mesure que le tas grossissait, il s'en
dégageait de plus en plus une insupportable odeur de
médiocrité. M. Jules Claretie promettait toujours, mais
ne tenait jamais.

» J'ai souvent réfléchi à ce cas. Il est un des plus na-
vrants qu'on puisse voir. Je répète que l'écrivain a des
allures littéraires, qu'il a une bonne tenue de style,
qu'il campe un personnage comme un maître, qu'il possède en un mot tous les caractères de surface du talent.
Et quand on l'ouvre il est vide ; c'est un fruit qu'un ver a
mangé intérieurement, et qui s'écrase dès qu'on le touche.
Il a une facilité déplorable, une faculté d'assimilation qui
lui permet d'être tout ce qu'il veut, sans jamais rien
être par lui-même. Sa plume court sur le papier, et ce
n'est pas sa personnalité propre qui la conduit, ce sont
les personnalités des autres, les souvenirs que malgré
lui, par sa propre nature d'imitation, il emprunte à droite
et à gauche. Il vit grâce à l'air ambiant, il prend des idées
qui volent autour de lui ; jamais une idée ne lui sort directement du cerveau. Il a le procédé de ce maître, puis
le procédé de cet autre maître, tout cela naïvement
sans qu'il s'en aperçoive, parce qu'il est né pour cela. Il

est et restera un miroir ; chacun de nous peut aller se
regarder en lui et se reconnaître. En un mot, et pour le
résumer par une image, il écrit sous la dictée de tous. »

C'est violent, n'est-ce pas ? Mais écoutez
M. Jules Claretie, dans son compte-rendu de
l'*Assommoir*[1]. Vous comparerez :

« ..... Les auteurs de la pièce, dont un, M. Busnach,
est très parisien, et connaît le théâtre pour s'y être fait
maintes fois applaudir, ont jugé prudent de décrasser
les personnages, VOLONTAIREMENT REPOUSSANTS, IGNOBLES
OU BÊTES, que M. Zola nous a présentés comme l'incar-
nation du peuple.....

» ..... Que le drame soit bon ou mauvais, qu'il réus-
sisse ou qu'il tombe, je n'en veux pas moins dire d'a-
vance mon sentiment très net sur le livre d'où il est
tiré. Il est bien établi, dès à présent, que M. Zola trouve
les *concessions* de la pièce un peu fortes, ET, AVEC CET
ART DE CHARLATANISME (UNE RIME A NATURALISME) QUI LUI
EST PARTICULIER, il fait, dès à présent, annoncer qu'il
éreintera, dans son feuilleton, le drame que son livre a
inspiré.....

» ..... A l'encontre de ce personnage des contes de
fées qui changeait en or tout ce qu'il touchait,
M. ZOLA CHANGE EN BOUE TOUT CE QU'IL MANIE. Une odeur
de bestialité se dégage de toutes ses œuvres. Ses livres
sentent la boue. Ce priapisme morbide, qui n'est autre
après tout que celui des romans de Marc de Montifaud,

1. Feuilleton de la *Presse*, 20 janvier 1879.

se retrouve chez lui, dans ce style qu'il a pris, absolument pris, aux frères de Goncourt, dans ces *coulées de chair* qu'il caresse avec des sensualités sadiques, dans ces flammes de désir brutal qu'il allume au fond des prunelles de tous ses personnages. Il est tellement secoué de cette lubricité littéraire, que les sentiments naturels deviennent avec lui hideux, comme dans *Une page d'amour*; qu'il ne peut décrire une poupée, une pauvre petite poupée d'enfant gisant à terre les jambes écartées, sans éveiller, SANS CHERCHER A ÉVEILLER aussitôt des idées sensuelles.....

» ..... Ah ! que de papes aujourd'hui et que de moutardiers du pape qui se croient impeccables ! Nous la raillons, l'infaillibilité du pape, et il y a, dans les lettres, dans les arts, un certain nombre de vaniteux qui se posent à eux-mêmes la tiare sur la tête et ne souffrent pas qu'on les discute. LA TIARE DE M. ZOLA EST FAITE, D'AILLEURS, DU LINGE SALE DE GERVAISE.....

» .... *La main* chez lui, comme chez certains peintres, est extraordinaire de facture et de pâte. LE CERVEAU MANQUE. M. ZOLA EST LE CHEF D'UNE ÉCOLE QUE JE CRAINS BIEN DE VOIR GRANDIR OUTRE MESURE : *L'École de la suffisance et de l'ignorance.* »

Comparez donc la critique qu'on accuse de brutalité, et celle qui se pose sur la tête la tiare de l'affabilité, du bon ton, de la courtoisie.

Cet incident acheva d'indisposer contre M. Zola une bonne partie du public et presque toute la critique. On craignit qu'il ne se

formât une cabale pour siffler le drame. Mais
il n'en fut rien. D'ailleurs, les mauvaises dis-
positions du public furent un peu retournées
quelques jours avant la première de l'*Assommoir*.

La liste des nouveaux décorés de la Légion
d'honneur parut.

Chacun s'attendait à y lire le nom de M. Zola.

Le nom de M. Zola, n'y était pas.

Cet oubli du ministère donna une espèce de
satisfaction aux plus malveillants: ils pouvaient
se consoler des succès de leur adversaire, en
pensant qu'ils n'auraient du moins pas la mor-
tification de le rencontrer avec le ruban rouge
à sa boutonnière. Ceux qui hésitaient entre
l'ancienne et la nouvelle école trouvèrent cette
négligence un peu bien injuste. Après tout,
M. Zola méritait cette distinction, aussi bien
qu'un autre et mieux que bien des autres : ses
théories sont contestables, ses critiques peuvent
être blessantes, on n'est pas tenu d'aimer et
d'admirer ses œuvres, mais il n'y a pas moyen
de nier son talent; ses adversaires les plus dé-
clarés le reconnaissent, et ceux qui parlent

encore de lui avec un dédain calculé ne font guère que se couvrir de ridicule. Or la décoration se donne assez généralement aux artistes et écrivains de talent.

Quelques méchantes langues soutinrent que M. Zola avait dépassé la moyenne; qu'il était déjà trop en évidence; qu'il fallait bien se garder d'accorder une distinction à un homme qui fixait déjà tous les regards, faisait le sujet de toutes les discussions.

Quoi qu'il en soit, ce fait minime produisit tout un mouvement dans l'opinion, et le drame de M. Busnach en profita. On ne pouvait pas voir de sang-froid l'auteur des *Deux fautes* estimé davantage par le ministère des Beaux-Arts que celui des *Rougon-Macquart*.

Presque tous les auteurs dramatiques promettaient à M. Busnach un splendide échec : cela ne ralentit ni son ardeur, ni celle des vaillants interprètes. Ils ne se laissèrent non plus effrayer ni les uns ni les autres par le bruit qu'on faisait autour du nom de M. Zola ni par toutes les arlequinades qu'on débitait sur son compte, et dont on le rendait responsable : car tous ceux qui criaient le plus fort accusaient M. Zola d'être un tapageur. M. Zola eut beau déclarer qu'il ne demandait qu'à rester chez lui bien tranquille, qu'à écrire en paix ses articles et ses livres, qu'à les voir juger sans passion ; qu'il était d'ailleurs complètement en dehors de la question de théâtre : on s'obstina à livrer contre lui une bataille qu'il n'acceptait pas, et, plus tard, à lui reprocher les défauts d'une pièce à la rédaction de laquelle il est resté étranger, qu'il n'a pas signée, mais qu'il n'a pas *éreinté* non plus, ainsi que le prédisaient ses ennemis.

La première de *L'Assommoir* s'annonçait comme un événement. Depuis le temps où les classiques et les romantiques se disputaient la scène, aucune *première* n'avait excité tant de mouvement dans le public. Trois semaines à l'avance, toutes les places laissées libres par le service étaient louées; les malheureux qui voulaient voir quand même, en étaient réduits à recourir aux expédients les plus coûteux. Les agences de théâtres négociaient à des prix fa-

buleux les quelques billets dont elles disposaient ;
on cherchait à s'engager dans la claque, à se
glisser parmi les comparses.

Quoique la direction de l'Ambigu ait fait annoncer que les bureaux ne seraient pas ouverts
le soir de la représentation, deux ou trois cents
personnes stationnaient longtemps à l'avance
sur les marches du théâtre. Dans le caveau, on
s'arrachait les billets de la claque ; dehors, les
marchands de billets, furieux de n'avoir rien à
vendre, se multipliaient, déployaient toute leur
adresse pour se procurer des entrées.

Quand le spectacle eut commencé, les moins
patients se retirèrent enfin, l'oreille basse. Une
cinquantaine de *têtus* restèrent maîtres du
champ de bataille : ils étaient seuls à regarder
les portes fermées pour eux ; après le premier
tableau, les marchands de billets offraient,
pour vingt francs, des *sorties* des jours précédents. Mais l'Administration était sur ses gar-
des, et cette supercherie ne réussit pas. Vers
neuf heures, les plus acharnés comprirent qu'ils
poursuivaient une chimère, et se décidèrent

à rentrer chez eux, désolés, les pieds mouillés.

Les privilégiés qui avaient pu pénétrer dans le sanctuaire avaient, pour se distraire pendant les longs entr'actes, un coup d'œil superbe : la salle était absolument pleine, et des toilettes élégantes s'étalaient jusqu'aux secondes galeries. Toutes les célébrités du monde parisien étaient réunies : dans une avant-scène, Mlle Sarah Bernard, qui a si fort applaudi, à ce que raconte la légende, qu'elle a cassé sa chaise. Aux fauteuils ou au balcon, Mmes Pierson, (qui s'est trouvé mal pendant la scène du *délirium*), Massin, Léonide Leblanc, Schneider, Alice Régnault, Fargueil, et bien d'autres : des toilettes et des visages rivalisant de grâce et de fraîcheur. Les critiques sont tous présents ; ils ont l'air graves comme des gens qui s'apprêtent à tailler une plume en lame de poignard ; les directeurs des divers théâtres attendent le succès ou l'échec, pour savoir sur quel ton ils monteront dorénavant leur répertoire ; parmi les figures connues, on remarque MM. Daudet, Halévy, Lafontaine, Antonin Proust.

Le premier tableau, — le plus *naturaliste* de tous, — fut bien accueilli ; au lieu des sifflets que l'on attendait, les applaudissements éclatèrent de tous les côtés, et la soirée fut un triomphe.

Les interprètes de l'œuvre peuvent en prendre une bonne part. — Gil Naza s'est surpassé : tour à tour bonhomme et grand tragédien, il n'a reculé devant aucun effet de réalisme ; il a pourtant su faire accepter du public la scène terrible du *délirium*. — Madame Hélène Petit s'est véritablement révélée. On ne peut accorder trop d'éloges à la manière dont elle a composé et joué son rôle. Il faut être sérieusement artiste, pour sacrifier au désir d'être vraie, comme elle l'a fait, toute coquetterie. Peu d'actrices auraient consenti à porter de pauvres robes malfaites, des manchettes de laine rouge et des haillons, — non pas poétiques comme ceux de Mignon, — mais criant la misère et demandant la charité. La sympathie que le public lui a témoignée l'a récompensée de son dévouement : elle la méritait bien.

V

ROMAN ET DRAME

Un drame tiré d'un roman a rarement la valeur littéraire de son modèle. Il s'agit de découper en quelques tableaux une œuvre traitée sans considérations d'espace ; d'amener, dans un même acte, des personnages qui semblent n'avoir aucune raison de se trouver dans les mêmes lieux ; de condenser en quelques heures une action qui met souvent des années à se développer ; de faire ressortir, par l'action seulement, une foule de faits, de détails que le romancier peut mettre en relief par la description. Bien des circonstances échappent à l'analyse, bien des situations arrivent à l'imprévu, sans être amenées, et, par conséquent, sans produire beaucoup d'effet. Les spectateurs qui ont quelque souci de la logique ont mille raisons d'être surpris, et, par conséquent, mécontents.

Pour le roman de M. Zola, la question se compliquait de considérations particulières : son œuvre est construite par tableaux; or, le théâtre peut bien admettre des tableaux, mais dans un nombre limité; — l'action met vingt ans à se dérouler; bien des morceaux ne peuvent être transportés sur la scène : car les naturalistes les plus intransigeants sont pourtant forcés de reconnaître qu'il y a au théâtre certaines impossibilités, que l'art ne peut pas tout vaincre. Aussi, est-ce en vain que messieurs Busnach et Gastineau se mirent à l'œuvre avec un respect sincère de l'œuvre : ils furent forcés de la sacrifier; quoique leur pièce ait, dans quelques-unes de ses parties, une incontestable valeur, elle n'en est pas moins restée bien inférieure au roman dont elle est tirée, et dont elle ne peut donner qu'une faible idée.

Les auteurs ont cherché le drame dans la rivalité de Gervaise et de Virginie. Selon nous, ils ont eu tort : la chute lente de Coupeau, l'action destructive de Lantier, la lutte de Gervaise auraient largement suffi à rendre l'intrigue intéressante. Grâce à leur combinaison, tout le mal vient de Virginie, qui guette sans cesse sa proie, qui ne manque aucune occasion de la pousser à sa perte. Dans le roman, au contraire, les faits s'engendrent les uns les autres, avec une logique inévitable et terrible; le mal amène le mal; du premier verre, résulte le second; de l'ivrognerie qui engloutit tous les bons instincts, résulte l'abrutissement complet du buveur. Cette suite est si rigoureuse, qu'elle semble fatale; malgré cela, Coupeau et Gervaise restent d'un bout à l'autre responsables de leurs actions; le point auquel ils pourraient s'arrêter et ne s'arrêtent pas, par lâcheté, est soigneusement marqué; et là est toute la morale de l'œuvre. Ce procédé est propre à M. Émile Zola, et se retrouve dans tous ses romans. Il est intéressant de le comparer à celui d'autres romanciers, de G. Sand, par exemple. Quand l'auteur de *Valentine*, dans ses plaidoyers contre le mariage, veut perdre une héroïne, elle la fait descendre jusqu'à la faute en la poussant, par toutes sortes de circonstances indépendantes de sa volonté, sur une pente si douce, si insensible, qu'on ne s'en aperçoit pas ; de sorte que lorsque la femme honnête est devenue adultère, elle garde tout son charme et toute sa vertu aux yeux du lecteur ; chacun la plaint, la trouve malheureuse, et se dit : « A sa place, j'aurais fait comme elle ! » Les héros de M. Zola, au contraire, ne perdent jamais leur responsabilité. Quelque sympathiques qu'ils aient été au commencement, ils deviennent odieux quand ils sont parvenus au vice. C'est ce qu'on ne peut pas lui pardonner : « Montrer les côtés sales de la bête humaine, peindre le vice tel qu'il est, dégoûter le lecteur des actions laides et des mauvais penchants, fi donc ! c'est l'œuvre d'un écrivain sans foi ! Il ne faut pas toucher à l'ordure du mal ; laissons-la entassée, augmentant sans cesse ! Ne nous détournons pas pour lutter contre cet envahissement ! Bouchons-nous seulement le nez quand nous passons ! Pourvu que l'odeur n'en vienne pas jusqu'à nous, qu'importe que le fumier s'élève et pourrisse à nos pieds ? Nous ne le sentons pas, c'est tout ce qu'il nous faut ! »

Eh bien ! de ce procédé si large et si puissant, il n'en reste rien dans la pièce, grâce au rôle de Virginie, qui est la seule coupable et qui est vulgairement coupable, comme dans les mélodrames.

Cela n'est pas à dire que les auteurs aient reculé devant toutes les hardiessess : ils ont été, quelquefois, aussi vrais que le roman. Voici quelques scènes du neuvième tableau que l'on peut comparer aux pages les plus saisissantes du livre[1].

SCÈNE IX.

COUPEAU seul. (Mme Boche vient de lui apporter la bouteille que lui envoie Virginie.)

Il y a encore de braves gens !... Nous allons fêter mon retour... Ça n'empêche pas, j'ai joliment faim.... Et Gervaise qui ne revient plus. Si je buvais deux doigts de vin pour me soutenir ? — Le vin, le bon vin, ce n'est

---

1. Les passages soulignés ont été supprimés dans le travail des répétitions.

pas défendu, au contraire... (Il va prendre la bouteille). Fichtre ! *une bouteille à Bordeaux*, ça doit être du fameux... Et une odeur !... (Il flaire la bouteille qu'il a débouchée.) Tiens ! c'est drôle ! On se sera trompé. Qu'est-ce que c'est que ça ?... Mais, tonnerre ! c'est du poison, c'est de l'eau-de-vie !... Je n'en veux pas !... (Il pose la bouteille sur la table et s'enfuit à l'autre bout de la scène.) Pourquoi m'a-t-on mis ça dans la main ? Ça brûle. Le médecin l'a bien dit : un seul petit verre, et je suis mort. Jamais ! jamais ! (Se rapprochant.) Voyons, je suis un homme ! C'est bête de trembler devant une bouteille ! Je n'y toucherai pas, voilà tout. Gervaise va la faire reporter et dire qu'on s'est trompé. (Un silence). Ces médecins vous racontent un tas de machines pour vous effrayer... Comme si un petit verre pouvait tuer un homme !... En voilà une farce !... (Il reprend la bouteille.) Parbleu ! quand on ne veut pas boire, on ne boit pas !... Si je me trompais !... Ce n'est pas de l'eau-de-vie, peut-être !... (Il goûte et repose la bouteille en tremblant.) Mon Dieu ! et on me laisse seul !... et cette bouteille qui est là !... Je ne puis pas, il faut que je boive !... Ce sont des menteries, ça ne tue pas, ça fait vivre !... Je veux vivre, je veux vivre !... (Il boit une gorgée, puis il entend les pas de Gervaise, et se précipite avec la bouteille dans la pièce voisine.)

SCÈNE X.

GERVAISE, entrant au moment où Coupeau sort de la chambre avec sa bouteille d'eau-de-vie.

Eh bien ! qu'a-t-il donc à fermer les portes si fort ?...

Il saura toujours assez tôt la mauvaise nouvelle : son patron refuse de le reprendre... Les bons ouvriers ne manquent pas, dit-il ; inutile de faire travailler les mauvais !... (Tristement) Allons ! ce ne sera pas commode d'en sortir !... *Pas de pain, ce soir, pour commencer.*

NANA, entrant.

Ah ! la belle journée !... Il y a un monde sur les boulevards !... J'ai gagné une belle faim !... Est-ce qu'on ne mange pas ?

GERVAISE.

Non.

NANA.

Comment ! pas même du pain ?

GERVAISE.

Non.

NANA.

Hier, au moins, il y avait du pain... C'est bien !... Tu sais, maman, bonsoir, j'en ai assez !

GERVAISE.

Malheureuse, où vas-tu ?

NANA.

Je vais dîner *ailleurs, pardi ! Une amie m'a invitée.*

GERVAISE.

Tu mens ! tu ne sortiras pas.

NANA.

Oh ! je t'en prie, ne fais pas de scène !

GERVAISE.

Je sais tout, je sais sur quelle pente tu es !

NANA.

Ne causons pas de ça, veux-tu ? J'en aurais trop long à

dire... *Tu as fait ce que tu as voulu, dans ton temps ; au-*
jourd'hui, je fais ce que je veux... Et si ça ne te plaît pas,
tant pis ! Il fallait m'élever autrement et me donner de
meilleurs exemples.

GERVAISE écrasée, à demi-voix.

Mon Dieu ! quel châtiment !

NANA.

Laisse-moi sortir !

GERVAISE.

Tu ne sortiras pas ! Ton père est revenu, il saura bien
te faire rester, lui !

NANA.

Ah ! papa est ici !... *Voilà qui me décide tout à fait :*
la maison va redevenir un enfer. Je n'ai pas envie d'être
massacrée, moi ! Bonsoir !

GERVAISE appelant.

Coupeau ! Coupeau ! Ta fille s'en va !... Coupeau !

SCÈNE XI

COUPEAU entrant en chancelant, la bouteille à la main.

Hein ! quoi ? Qui est-ce qui m'appelle ?

NANA.

Eh bien ! il est joli ! je file!

GERVAISE.

C'est ta fille qui s'en va, ta fille qui nous quitte...
Empêche-la donc de partir !

COUPEAU riant d'un air idiot.

Pourquoi que je l'empêcherais ? (Jetant la bouteille dans un
coin). Celle-là est vide : j'en veux une autre !

GERVAISE reculant.

Grand Dieu ! Il est ivre ! Nous sommes perdus !

NANA.

Bonsoir ! (Elle s'en va en laissant la porte ouverte.)

SCÈNE XII.

GERVAISE, COUPEAU halluciné, puis Mme BOCHE, les LORIL-
LEUX, puis MES-BOTTES.

COUPEAU.

C'est gentil, ici !... Il y a des chalets..... une vraie
foire !... et de la musique un peu chouette !... V'là que
ça illumine, des lanternes dans les arbres, des ballons
rouges en l'air, et ça saute, et ça file .... des fontaines
partout, des cascades, de l'eau qui chante, oh ! d'une
voix d'enfant de chœur !

GERVAISE.

Seigneur ! il devient fou !

COUPEAU devenant tout d'un coup très sombre.

Encore des traîtrises, tout ça ! Je me méfiais... Silence ! Tas de gredins !... Oui, c'était pour me vexer...
Je vas vous démolir, moi, dans votre chalet... Oh ! je
brûle ! je brûle !...

GERVAISE à la porte, appelant.

Au secours !

Mme BOCHE arrivant.

Qu'y a-t-il ?

GERVAISE.

Coupeau !... Regardez !...

LORILLEUX arrivant à son tour.

C'est encore un accès qui le prend.

Mme BOCHE.

C'est effrayant ! Il faudrait un médecin.

LORILLEUX.

Si vous croyez qu'un médecin y ferait quelque chose.

COUPEAU.

Bon, les rats ! V'la les rats, à cette heure !

Mme BOCHE.

Où voit-il des rats ?

COUPEAU.

Voulez-vous bien me laisser, vilaines bêtes !... Ils me mangent les pieds ! Les voilà qui grimpent après mes jambes, maintenant ! Allez-vous-en ! allez-vous-en !... Tiens ! ce gros qui me dévore la main... Ils sautent sur mes épaules !... Les rats! les rats !... délivrez-moi !

MES-BOTTES arrivant.

Qu'y a-t-il ?... Ah ! le malheureux !

COUPEAU saluant une personne invisible.

Ah ! te voilà !... bonjour !

MES-BOTTES à Coupeau.

Que vois-tu donc ?

COUPEAU.

Ma femme pardi ! Elle est là !... (Il montre le vide).

GERVAISE se cachant la figure.

J'ai peur ! j'ai peur !

COUPEAU.

Fichtre, tu es belle, ma femme; t'as de la toilette !... Dis-moi donc quel est le particulier qui se cache derrière toi ?... Tonnerre ! c'est encore lui !

MES-BOTTES.

Qui donc ?

COUPEAU.

Le chapelier ! (écumant) A nous deux, mon cadet !
Faut que je te nettoie, à la fin !... Empoche ça !... Et
atout ! atout ! atout !... Ah ! le gredin ; il m'a tué ! c'est
plein de sang... Ah ! (Il tombe comme une masse sur le matelas où il meurt).

GERVAISE à genoux.

Il est mort ! (Elle pleure).

TOUS.

Mort !

LORILLEUX à sa femme.

Un ivrogne de moins !

A l'argot près, c'est la scène du roman,
très condensée, seulement, et transportée de
l'hospice dans la mansarde.

Une fois, même, MM. Busnach et Gastineau
ont inventé une scène très puissante, qui manque en quelque sorte au roman. C'est celle de
la dernière bouteille, que nous avons citée.

Ces passages vigoureux ne suffisent cependant pas à excuser les changements fâcheux
que l'intrigue a subis en passant du roman à
la scène, et qui lui ont fait perdre, en grande
partie, sa haute moralité.

Les caractères ont aussi subi de semblables métamorphoses.

Pas celui de Coupeau, il est vrai, et c'est là le grand mérite de la pièce ; les auteurs l'ont aussi bien suivi dans les lentes péripéties de sa chute qu'il était matériellement possible de le faire. Sans doute, bien des détails restent inexpliqués ; l'on n'assiste pas au drame, à son abrutissement dans tous ses actes et dans toutes ses scènes, comme dans le chef-d'œuvre de M. Zola. Mais ce qu'on voit suffit pourtant à expliquer le personnage, et c'est déjà beaucoup que les auteurs soient arrivés si loin.

En revanche, Gervaise est méconnaissable. — Il fallait absolument, à ce qu'il paraît, un caractère sympathique, un personnage sur lequel pût se reporter l'affection des spectateurs. Gervaise a été choisie pour ce rôle de victime expiatoire. Hélas ! comme l'a fort bien dit M. Fouquier, « en devenant possible, elle devenait banale [1] ». Elle reste pure dans le milieu

---

1. *XIXᵉ Siècle*, 21 janvier.

empesté où elle vit. Son mari n'est plus qu'une
brute dégoûtante, et elle demeure fidèle au de-
voir. Elle résiste à son cœur qui la donnerait à
Goujet ; elle résiste aux circonstances qui semblent conjurées pour la jeter dans les bras de
Lantier. C'est à tort qu'on l'accuse d'être la
maîtresse du chapelier : elle est innocente... Au
lieu de cela, la voici dans le roman [1] :

« Au milieu de cette indignation publique,
» Gervaise vivait tranquille, lasse et un peu
» endormie. Dans les commencements, elle
» s'était trouvée bien coupable, bien sale et elle
» avait eu un dégoût d'elle-même. Quand elle
» sortait de la chambre de Lantier, elle se la-
» vait les mains, elle mouillait un torchon et
» se frottait les épaules à les écorcher, comme
» pour enlever son ordure. Si Coupeau cher-
» chait alors à plaisanter, elle se fâchait, cou-
» rait en grelottant s'habiller au fond de la
« boutique ; et elle ne tolérait pas davantage que
» le chapelier la touchât, quand son mari ve-
» nait de l'embrasser. Elle aurait voulu changer

1. Pages 352-53.

» de peau en changeant d'homme. Mais, lente-
» ment, elle s'accoutumait. C'était trop fati-
» gant de se débarbouiller chaque fois. Les
» paresses l'amolissaient, son besoin d'être
» heureuse lui faisait tirer tout le bonheur pos-
» sible de ses embêtements. Elle était complai-
» sante pour elle et pour les autres, tâchait
» uniquement d'arranger les choses de façon à
» ce que personne n'eût trop d'ennui. N'est-ce
» pas ? pourvu que son mari et son amant fus-
» sent contents, que la maison marchât son
» petit traintrain régulier, qu'on rigolât du
» matin au soir, tous gras, tous satisfaits de la
» vie et se la coulant douce, il n'y avait vrai-
» ment pas de quoi se plaindre. Puis, après
» tout, elle ne devait pas tant faire de mal,
» puisque çà s'arrangeait si bien, à la satisfac-
» tion d'un chacun ; on est puni d'ordinaire,
» quand on fait le mal. Alors son dévergondage
» avait tourné à l'habitude. Maintenant, c'était
» réglé comme de boire et de manger ; chaque
» fois que Coupeau rentrait soûl, elle passait
» chez Lantier, ce qui arrivait au moins le lundi,

» le mardi et le mercredi de la semaine. Elle
» partageait ses nuits. Même, elle avait fini,
» lorsque le zingueur simplement ronflait trop
» fort, par le lâcher au beau milieu du som-
» meil, et allait continuer son dodo tranquille
» sur l'oreiller du voisin. Ce n'était pas qu'elle
» éprouvât plus d'amitié pour le chapelier. Non,
» elle le trouvait seulement plus propre, elle se
» reposait mieux dans sa chambre, où elle
» croyait prendre un bain. Enfin, elle ressem-
» blait aux chattes qui aiment à se coucher en
» rond sur le linge blanc. »

Il y a loin de cette femme qui s'abandonne
au courant, à la vaillante lutteuse que nous
montrent MM. Busnach et Gastineau. Celle-ci,
rien ne la décourage, elle reste honnête malgré
tout ; une fois, nous la voyons bien prendre un
verre d'eau-de-vie à l'assommoir du père Co-
lombe. Son mari lui a dit : « Tu as faim ?... Eh
bien ! bois ! » — Mais nous savons qu'elle ne
s'enivrera jamais ; une brave femme comme elle,

qui sait se vaincre elle-même, ne succombe pas aux tentations du vitriol ou du petit bleu. — Aussi la conclusion, rigoureuse dans le roman, est-elle parfaitement illogique dans le drame : On ne meurt pas de faim, quand on a encore le courage de travailler. Et Gervaise n'a pas perdu courage, elle en a eu jusqu'au dernier moment. Après la mort de Coupeau, l'on se dit : « Maintenant qu'elle n'a plus son mari pour lui dévorer le fruit de son travail, pour emprisonner sa vie, elle va se remettre bravement à l'ouvrage, retrouver peut-être le bonheur, en tout cas la tranquillité et le bien-être. Elle peut se débarrasser de ses tyrans : des Lorilleux qui la haïssent, de Virginie qui lui a tué son mari, de Lantier qui la persécutait. Mes-Bottes se range, devient bon ouvrier ; il ne refusera pas de lui venir en aide ; il ira, s'il le faut, avertir Goujet ; Goujet, qui a toujours des économies, arrivera à la rescousse, et tout finira à la satisfaction commune... » Et, au lieu de cela, de cette conclusion peu dramatique, mais indiquée par la marche des faits, la scène représente tout à coup le boulevard Rochechouart, près de l'Élysée-Montmartre. Goujet se marie ; Mes-Bottes vient se promener en gilet blanc dans la rue, pour prendre l'air sans doute ; Virginie, en toilette fort élégante, passe au bras de Lantier ; Poisson épie son épouse infidèle et se prépare à la punir d'un coup de poignard... Une pauvre femme, en cheveux blancs, se traîne contre les murs et implore la pitié de tous nos héros qui passent l'un après l'autre. Goujet la reconnaît, et l'on apprend avec stupéfaction que cette malheureuse est Gervaise ! Elle tombe d'inanition, littéralement morte de faim. Alors Bazouge, dit Bibi-la-Gaîté, qui rôde dans le quartier dans son uniforme de croque-mort, arrive, se penche sur elle et lui dit mélancoliquement : « Fais dodo, ma belle ! tu l'as bien mérité. »

Ce dernier tableau est désespérant et nous rejette dans les plus vieux mélodrames. A la première, il a risqué de compromettre le succès de la pièce. A ce qu'il nous semble, il n'a pas même l'excuse d'être nécessaire : la mort de Coupeau serait une conclusion suffisante.

Nous ne nous arrêterons pas aux nombreuses différences de détails : les différences de fond que nous venons d'indiquer suffisent à montrer que l'œuvre a beaucoup perdu de sa valeur en pénétrant sur la scène ; les qualités de vigueur et les scènes hardies qui s'y trouvent ne permettent pourtant pas de la confondre avec un mélodrame vulgaire ; elle a certainement mérité, en partie du moins, le bruit qui s'est fait autour d'elle,

VI

CONCLUSION

La critique littéraire agit en général comme les gouvernements : elle suit, à une respectable distance, le mouvement de l'esprit et les évolutions de la pensée.

Puis quand il lui est bien prouvé que le public est plus avancé qu'elle et qu'il ne sert plus à rien de regretter les « maîtres du temps passé », les « romanciers comme ceux dont nos » romanciers sont les fils abâtardis, le grand » art qui marche vers la ruine complète », etc., — alors elle salue poliment le fait accompli et laisse à la génération suivante le soin d'apprécier les talents qu'elle a méconnus. Par bonheur, les aristarques sont aussi impuissants à arrêter le courant des idées que des villageois le seraient à arrêter le cours d'un fleuve. —

Il va sans dire qu'il y a des exceptions, et qu'un grand nombre de critiques savent marcher avec leur temps.

La lecture des *revues théâtrales*, des *soirées parisiennes* et des *lundis* écrits sur l'*Assommoir* est à la fois amusante et instructive ; amusante, parce que des flots d'esprit, — pas toujours du plus délicat, par exemple, — sont dépensés pour essayer de submerger le nouveau drame, les auteurs et leurs théories ; instructive, parce qu'il est toujours bon d'assister à un duel littéraire, et de voir quelles armes emploient les champions. Ces feuilletons pourraient former des volumes ; nous résumerons en quelques mots, ce qui a été dit.

Quelques naturalistes intransigeants sont sans pitié pour MM. Busnach et Gastineau, et ne leur pardonnent aucune de leurs concessions ; mais ils sont rares.

Les juges impartiaux, qui font la part du bon et du mauvais, sont tout aussi rares.

Le ton de l'immense majorité de la presse est celui d'un lourd mécontentement. Les uns

se plaignent de ce que la pièce n'est pas
absolument nouvelle : comme si l'on inven-
tait du nouveau tous les jours ! comme si les
nouvelles idées, les nouvelles théories, ne faisaient pas leur chemin lentement ! Quelques
scènes qui sortent de l'ornière habituelle sont
suffisantes pour donner de l'importance à un
drame, et on ne peut pas nier qu'il s'en trouve
dans l'*Assommoir*.

Un nouveau ressort a été ajouté aux ressorts
de la vieille mécanique passionnelle : « Cet homme trahira-t-il ou ne trahira-t-il pas? — Cette
femme se livrera-t-elle ou ne se livrera-t-elle
pas? Ces jeunes gens se marieront-ils ou ne
se marieront-ils pas? » — C'étaient les questions qui passionnaient les spectateurs. Et tout
à coup, un audacieux en pose une nouvelle :
L'IVROGNE BOIRA-T-IL OU NE BOIRA-T-IL PAS?

Ceux des critiques qui ont été assez perspi-
caces pour reconnaître ce qu'il y a de nouveau,
de hardi, de fécond là-dedans, se sont récriés :
« Je vous avoue que cela m'est absolument
égal, dit M. F. Sarcey..... Qu'il boive et qu'il

crève tout de suite, l'animal, et n'en parlons plus[1] ! » — Mais, puisque les applaudissements ont été accordés à la plus grande partie de l'œuvre, puisque le public se presse tous les soirs aux portes de l'Ambigu, il faut croire que la question est intéressante.

Et pourquoi ne le serait-elle pas? — La trahison et l'adultère ne sont guère plus propres que l'ivrognerie : seulement ces crimes sont ceux des classes aristocratiques de la société; on les cache sous l'habit noir, sous les jupes de satin; la main sanglante est blanche, sous des gants blancs; le vice est moins laid, éclairé par les candélabres, reflété par les glaces de Venise. Les bibelots du luxe le voilent, le poétisent. Il est si gentil, arrangé de cette manière, que les honnêtes gens vont le voir sans scrupule, et sont tout étonnés de ne pas le trouver repoussant. Cela est plein d'enseignements et d'une haute moralité! — Mais le vice en blouse, le vice qui ronge et corrompt la classe inférieure de la société, il ne peut inté-

resser personne! Les tragédies que l'alcool fait
jouer dans la mansarde ne sont pas dramatiques! Les malheurs d'une famille du peuple
atteinte de cette contagion, cela n'est pas poétique, cela manque d'idéal. Retournons bien
vite à la

Race d'Agamemnon qui ne finit jamais.

« Arrachez à ces acteurs leurs haillons, et
» faisons leur revêtir la soie et le velours!
» Allons! la plume au chapeau! la fraise au
» col! l'écharpe de satin autour des reins! nous
» nous garderons bien de trouver infâmes des
» actions qu'on nous peint toutes roses, de
» trouver sales les crimes poétiques que vous
» nous représentez! Vos trahisons, vos meur-
» tres et vos amours malsains, voilà ce qu'il
» nous faut pour nous faire oublier les tris-
» tesses de la vie pratique! c'est le rayon d'i-
» déal qui vient éclairer notre besogne quoti-
» dienne! nous sourirons doucement à vos tur-
» pitudes honnêtes, et cela nous reposera! »

Après tout, c'est là un raisonnement comme
un autre.

Généralement, pourtant, ce drame tant décrié a eu l'étrange avantage de gagner la cause du roman : on a reconnu que le livre pouvait étudier les plaies sociales; on reconnaîtra bien une fois que le théâtre a les mêmes droits.

En attendant, on murmure encore. Quelques-uns refusent obstinément d'entendre parler de M. Zola. M. Vitu, qui l'a lu et qui le déteste, est d'une modération relative; M. de Saint-Victor, qui avoue avoir à peine parcouru deux volumes, soulève une vrai tempête, et se dresse de toute sa hauteur pour asséner à l'auteur de l'*Assommoir* une grêle de coups de massue à pointes qui fait frémir. Il est bon de l'écouter un instant :

« Il faut bien parler de M. Zola, puisqu'on a
» joué l'*Assommoir*, mais ce n'est pas de bon
» gré que je m'y résigne. Le tapage qui se fait
» autour de lui, depuis quelque temps, est si
» hors de toute proportion avec son talent,
» qu'on craint en y mêlant une note même hos-
» tile, de se faire dupe ou complice d'une im-
» mense mystification. J'ai peu hanté les ro-

» mans de M. Zola, sa littérature étant inhabi-
» table pour moi. J'ai lu de lui, ou pour mieux
» dire, feuilleté le *Ventre de Paris* et la *Faute*
» *de l'abbé Mouret*. Cette semaine, par corvée
» de métier, j'ai ouvert, pour la première fois,
» le soupirail qui mène à l'*Assommoir :*

» Voici le trou, voici l'échelle, descendez !

» Je suis descendu, j'ai parcouru, à travers
» un ennui noir et une répugnance écœurante,
» cet égout collecteur des mœurs et de la lan-
» gue, enjambant, à chaque pas, des ruisseaux
» fangeux, des tas de linge sale humés avec
» ivresse par leurs ignobles brasseuses,

» Et ce que *Bec-Salé* vomit sur son chemin.

» L'impression que j'ai rapportée de ces trois
» lectures est celle d'un écrivain sans aucune
» originalité, né disciple, foncièrement élève,
» rapin de Balzac qu'il parodie, de MM. Flau-
» bert et de Goncourt qu'il caricature cruelle-
ment. Outrer l'outrance et violenter la vio-
» lence, défigurer la grimace et ravaler l'avilis-
» sement, tel est le procédé exclusif de cet es-
» prit attelé, quoiqu'il rue dans son attelage, et

» qui croit creuser des sillons en défonçant des
» ornières. »

Après cela, comme nous ne connaissons rien
de plus violent, nous renonçons à toute autre citation. M. de Saint-Victor est le seul critique qui
refuse tout talent à M. Zola, qui a fait triompher
dans le roman le genre qu'il a nommé *naturalisme* et qui le fera sans doute triompher au théâtre. Pour cette fois, je ne chercherai pas quelle
doctrine peut exister sous ce mot de naturalisme : je ne m'occuperai que de la rhétorique.
Ce mot désigne un système de réformes littéraires qui doivent porter sur la forme à donner
aux œuvres d'art et sur le travail préparatoire
auquel doit se livrer tout écrivain consciencieux.
Pour retrouver l'origine de ce mouvement, vieux
comme le monde, il faudrait remonter bien loin
dans le passé. Quel naturaliste sans frein que
le vieil Aristophane ! et Plaute ! et Lucrèce, qui
parait de toutes les fleurs de la poésie la science
la plus ardue, quelquefois la plus amère ! et Juvénal, le peintre hardi des débauches de la
Rome impériale !... Mais restons dans les temps

modernes : nous trouvons que Villon, Rabelais
et bien d'autres pensaient, comme M. Zola,
qu'il n'y a aucune raison d'employer une pé-
riphrase pour désigner une chose, tandis qu'on
a le mot propre sous la main ; nous verrons que
Shakespeare et ses contemporains : Ben-John-
son, Fletscher, Marlowe, ne reculaient devant
aucune crudité de langage, devant aucune observation humaine, quelque cruelle et amère
qu'elle fût ; nous les verrons, — et Molière avec
eux, — rechercher et mettre en évidence *la
cause* des mauvais penchants : ce qui est tout
le procédé naturaliste ! — Seulement, Rabelais,
Shakespeare, Molière étaient des faits isolés
dans leur époque. Leurs contemporains, qui
n'employaient leur gros langage que par gros-
sièreté, n'avaient pas la science physiologique
que l'on possède aujourd'hui, et qui permet
d'étudier les influences physiques que subit
l'homme moral ; les maîtres seuls avaient le
génie, qui tient lieu de tout. Aujourd'hui, le
système qu'ils ont créé sans s'en douter prend
conscience de lui-même ; il tend à jouer pen-

dant quelque temps, dans la littérature, le rôle que d'autres systèmes ont joué tour à tour : cela, parce qu'il a trouvé des hommes qui, ayant compris sa théorie, son essence, l'expliquent à tout le monde. — Le même fait s'est passé pour le *romantisme*, qui se trouvait en germes chez presque tous nos poètes du XVIᵉ siècle et qui relevait directement du moyen âge. Le moment est venu où il répondait aux exigences de l'esprit : alors, il a régné sur la scène littéraire. Victor Hugo l'a défendu, a donné des théories et des exemples, l'a fait vaincre. — Puis, les besoins de l'esprit ont changé ; ils nous portent aujourd'hui vers une étude plus exacte des faits, vers une forme plus hardie, et le vieux mouvement naturaliste, que le génie de Balzac n'avait pas pu faire triompher à un moment qui n'était pas le sien, semble reprendre l'avantage.

Ceux qui s'effrayent de ses progrès ne le comprennent pas. On se figure qu'il va chasser des sujets et des types de la littérature : il ne veut qu'ouvrir à tout le monde les portes du théâtre et du roman, afin que tout ce qui

est puisse y entrer. On croit qu'il veut ôter au
style toute poésie et changer le français contre
l'argot : il demande seulement que les personnages littéraires parlent comme parlent les
personnages réels. On prétend qu'il bannit
l'idéal : il ne le fait que si par idéal on entend
le vain caprice, la fantaisie mensongère ; le rêve
trompeur et malsain d'une imagination qui croit
s'élever : comme si l'on pouvait s'élever en quit-
tant la vérité pour l'erreur ! Mais, de même qu'au
lieu du mal poétique et du vice doré il peint le
mal tel qu'il est et le vice hideux, au lieu du bien
factice, il dépeint la vertu vraie, le bien réel.

Tout porte à croire qu'il triomphera : il a
pour lui des écrivains de talent ; M. Zola, c'est-
à-dire un défenseur qui ne se ménage pas; toute
la jeunesse littéraire, c'est-à-dire l'avenir.

Que nos vœux accompagnent la jeune école,
dans sa marche lente et sûre ! Nous sommes heureux d'avoir eu quelquefois l'occasion de prendre
sa défense dans cette courte étude; notre seul
regret est de n'avoir pu le faire plus souvent.

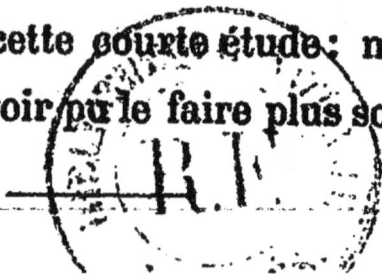

TABLE DES MATIÈRES

CHATEAUROUX. — TYPOGRAPHIE ET STÉRÉOTYPIE A. NURET ET FILS

www.ingramcontent.com/pod-product-compliance
Lightning Source LLC
Chambersburg PA
CBHW052131090426

42741CB00009B/2040